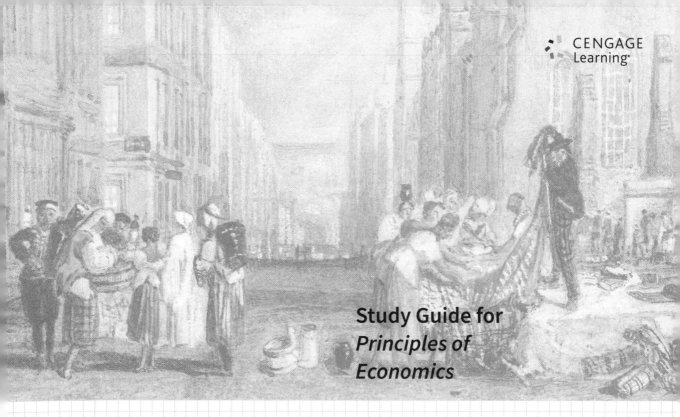

CENGAGE
Learning·

Study Guide for
*Principles of
Economics*

— 第 **8** 版 —

曼昆

《经济学原理：
宏观经济学分册》
学习指南

〔美〕戴维·R. 哈克斯（David R. Hakes） 著

梁小民　陈宇峰　译

U0361950

北京大学出版社
PEKING UNIVERSITY PRESS

著作权合同登记号　图字:01-2019-6142

图书在版编目(CIP)数据

《经济学原理(第8版):宏观经济学分册》学习指南/(美)戴维·R. 哈克斯(David R. Hakes)著;梁小民,陈宇峰译. —北京:北京大学出版社,2020.10

ISBN 978 – 7 – 301 – 31675 – 7

Ⅰ. ①经… Ⅱ. ①戴… ②梁… ③陈… Ⅲ. ①经济学—高等学校—教学参考资料 ②宏观经济学—高等学校—教学参考资料 Ⅳ. ①F0

中国版本图书馆 CIP 数据核字(2020)第 195349 号

书　　　　名	《经济学原理(第8版):宏观经济学分册》学习指南
	《JINGJIXUE YUANLI(DI-BA BAN):HONGGUAN JINGJIXUE FENCE》XUEXI ZHINAN
著作责任者	〔美〕戴维·R. 哈克斯(David R. Hakes) 著 梁小民 陈宇峰 译
责 任 编 辑	张 燕
标 准 书 号	ISBN 978 – 7 – 301 – 31675 – 7
出 版 发 行	北京大学出版社
地　　　　址	北京市海淀区成府路 205 号　100871
网　　　　址	http://www.pup.cn
微 信 公 众 号	北京大学经管书苑(pupembook)
电 子 邮 箱	编辑部 em@pup.cn　总编室 zpup@pup.cn
电　　　　话	邮购部 010 – 62752015　发行部 010 – 62750672　编辑部 010 – 62752926
印 刷 者	河北滦县鑫华书刊印刷厂
经 销 者	新华书店
	787 毫米×1092 毫米　16 开本　12.25 印张　306 千字
	2020 年 10 月第 1 版　2025 年 6 月第 7 次印刷
定　　　　价	36.00 元

未经许可,不得以任何方式复制或抄袭本书之部分或全部内容。

版权所有,侵权必究

举报电话: 010 – 62752024　电子邮箱: fd@pup.cn

图书如有印装质量问题,请与出版部联系,电话: 010 – 62756370

前　言

本书是与 N. 格里高利·曼昆的《经济学原理(第 8 版):宏观经济学分册》相配套的《学习指南》。本书写作的初衷就是服务于作为学生读者的你。

你的时间是稀缺的。为了帮助你有效地利用时间,这本《学习指南》严格地集中于曼昆《经济学原理(第 8 版):宏观经济学分册》中介绍的内容,而不涉及其他无关的知识。

《学习指南》的目的

这本《学习指南》有三个广义的目的:第一,帮助你巩固教科书中的内容,并增进你对教科书中内容的理解。第二,向你提供运用经济理论和工具以解决实际经济问题的经验。换句话说,本书是经济理论与解决经济问题之间的桥梁,这也许是这本《学习指南》最重要的目的,因为那些发现经济学具有内在逻辑性的学生往往认为,他们只需通过阅读教科书或上课就足以应付考试。然而,观察一个经济学家在教室里解题是一回事,而独立解决一个问题则完全是另一回事。亲自实践的经历是无可替代的。第三,本书中每一章都配有练习题,这些练习题可以检测出你掌握较好的领域和需要巩固的薄弱环节。

如果你没有理解内容或者在考试时对所考内容缺乏信心,那么你要真正享受任何一个学习领域都是不大可能的。我希望这本《学习指南》能增进你对经济学的理解,并提高你的考试成绩,以便你也能同我一样享受经济学所带来的乐趣。

《学习指南》的结构

这本《学习指南》的每个章节都与曼昆的《经济学原理(第 8 版):宏观经济学分册》的章节一一对应。每一章分为以下几部分:

• "本章概述"从"本章复习"开始,逐节对本章内容进行回顾;其次是"有益的提示",帮助读者理解本章内容;最后是"术语与定义",这部分内容特别重要,因为如果不使用共同的经济学术语,教科书与你之间的信息沟通或者在考试时你与老师之间的信息沟通都是不可能的。

• "应用题与简答题"将通过一些基于教科书内容的问题为你带来一些实际经验。其中"应用题"是多个步骤的问题,而"简答题"是基于一个问题而提出的。

• "自我测试题"包括 15 道"判断正误题"和 20 道"单项选择题"。

- "进阶思考题"是把该章介绍的经济学推理和工具运用于现实世界中的问题。这是一种应用型案例问题。
- "习题答案"对本章中所有问题都给出了答案,对"判断正误题"中的错误项还给出了解释。

《学习指南》的使用

我对于是否提供这本《学习指南》的使用方法很犹豫,因为如何最好地使用这本《学习指南》很大程度上是个人的事。它取决于你的偏好与能力,以及你的老师对内容的讲授方法。但是,我仍将讨论几种可能的方法,试错法会有助于你找出最适合自己的方法。

一些学生喜欢在阅读《学习指南》之前先学习教科书的一整章;另一些学生喜欢先学习教科书中的一节,然后阅读《学习指南》中"本章概述"部分相应的一节。第二种方法有助于你集中学习教科书中每节最重要的内容。一些在学习教科书之后感到特别有信心的学生会选择直接做"自我测试题",但通常来说我并不推荐这种方法。我建议你在进行自我测试之前,先做完所有"应用题"和"简答题"。如果你在自我测试之前有充分的准备,你将从中得到更准确的反馈。

《学习指南》不是教科书的替代品,正如经典小说的简写本不能代替原著一样。要与曼昆的《经济学原理(第8版):宏观经济学分册》结合来使用这本《学习指南》,而不是完全代替它。

最后的思考

这本《学习指南》中的所有习题都已经过许多评审者的精心核对。但是,如果你发现了错误,或者你对未来的版本有任何想法和建议,请随时通过电子邮件与我联系(邮箱是 hakes@uni.edu)。

致　谢

最后,我要感谢曼昆写了一本各方面都考虑周到的教科书,这使得写这本《学习指南》成为一项真正令人愉快的任务。感谢产品开发经理珍妮弗·托马斯(Jennifer Thomas)使整个项目按计划进行。感谢离心概念工作室(OffCenter Concept House)设计了版式并编辑整理了书稿。感谢我的朋友和同事肯·麦考密克(Ken McCormick)在整个项目过程中向我提供了各种建设性的意见。

最后,我要感谢我的家人在我写这本《学习指南》的这段时间里给予我的耐心和理解。

戴维·R. 哈克斯(David R. Hakes)

北依阿华大学

目 录

第 8 篇　宏观经济学的数据

第 23 章
一国收入的衡量

目　标

在本章中你将

- 考虑为什么一个经济的总收入等于其总支出
- 知道如何定义和计算国内生产总值 (GDP)
- 明白 GDP 分为哪四个主要组成部分
- 知道真实 GDP 与名义 GDP 之间的区别
- 考虑 GDP 是不是衡量经济福利的好指标

效　果

在实现这些目标之后, 你应该能

- 说明为什么收入等于支出等于产量
- 解释 GDP 定义中的关键词汇和短语
- 定义消费、投资、政府购买和净出口
- 用基年和当年价格计算真实 GDP 和名义 GDP
- 列出许多 GDP 中并不包括但又能增进福利的活动

23.1 本章概述

23.1.1 本章复习

微观经济学研究个别市场以及在这些市场中的个别企业和家庭的决策。**宏观经济学**研究整体经济。本章和本书余下各章将讲解宏观经济学的内容。

1. 经济的收入与支出

在一国的宏观经济中,收入必定等于支出。这之所以正确是因为,在每一次交易中,卖者的收入必定等于买者的支出。**国内生产总值**(GDP)衡量经济中的**总收入**或总产量。由于收入等于支出,GDP 可以通过把经济中所获得的收入(工资、租金和利润)加总来衡量,也可以通过把经济中生产的物品与服务的支出加总来衡量。这就是说,收入等于支出等于 GDP。

2. GDP 的衡量

GDP 的定义为在某一既定时期一个国家内生产的所有最终物品与服务的市场价值。

- "**市场价值**"是指根据产出的价格来衡量生产。因此,以高价格卖出的东西在 GDP 中就有更大的权数。
- "**所有**"是指 GDP 力图衡量经济中在市场上合法销售的所有产出。例如,GDP 不包括毒品的生产和销售,也不包括家庭生产,如房屋主人清扫自己的房子。但是,为了力求全面性,GDP 把估算的所有者自住房屋的租金价值作为住房服务的生产包含在内。
- "**最终**"是指 GDP 只包括出售给最终使用者的物品与服务。例如,GDP 计算福特 Taurus 车在零售环节的价值,但不计算福特公司在汽车生产期间购买的玻璃、钢材和轮胎这类中间物品的价值。中间物品是一个企业为另一个企业生产,以供其进一步加工的物品。只计算最终物品与服务避免了重复计算中间物品。
- "**物品与服务**"是指 GDP 既包括汽车和卡车这类有形的制成品,也包括律师和医生服务这类无形的东西。
- "**生产的**"是指不包括前一个时期生产出来(并计算过)的二手物品的销售。此外,这也避免了重复计算。
- "**一个国家内**"是指 GDP 衡量一国地理边界之内生产的价值。
- "**在某一既定时期**"是指我们衡量每年或每季度的 GDP。

GDP 数据统计上的"季节性调整"是为了消除由圣诞节和农业丰收这类季节性事件引起的数据有规律的变动。我们关于 GDP 的定义集中于支出方面。政府同样会通过将收入加总来衡量 GDP,这两种计算结果的差别是统计误差。

以下从大到小列出了 GDP 之外的其他收入衡量指标。

- **国民生产总值**(GNP):GNP 衡量一国长期居民或"国民"(公民及其工厂)的收入或生产,而不管他们位于什么地方。
- **国民生产净值**(NNP):NNP 是一国居民的总收入(GNP)减折旧。**折旧**是经济中资本存量损耗的价值。
- **国民收入**:国民收入是一国居民获得的总收入。由于在数据收集过程中存在统计差异,因此它与 NNP 不同。
- **个人收入**:个人收入是家庭和非公司制企业的收入。它不包括留存收益(不作为红利支付的公司收入),并需要减去间接营业税、企业所得税和社会保险。但它包括家庭从政府债券中得到的利息收入和政府**转移支付**(如福利与社会保障)。

- 个人可支配收入:家庭和非公司制企业在履行了他们对政府的支付义务(如税收、交通罚款)之后的收入。

3. GDP 的组成部分

我们可以通过加总用于最终物品与服务的支出的价值来衡量 GDP。经济学家把支出分为四个组成部分:消费(C)、投资(I)、政府购买(G)及净出口(NX)。

- **消费**是除新住房外家庭用于物品与服务的支出。
- **投资**是用于商业资本、住宅资本和存货的支出。投资并不包括用于股票、债券和共同基金的支出。
- **政府购买**是各级政府(联邦、州与地方政府)用于物品与服务的支出。政府购买并不包括转移支付,比如政府的社会保障支付、福利和失业补助,因为政府并没有得到作为回报的任何物品或服务。
- **净出口**是外国购买本国国内生产的价值(出口)减本国国内购买外国生产的价值(进口)。必须减去进口是因为消费、投资和政府购买包括用于国外与国内所有物品与服务的支出,只有减去国外部分,剩下的才是用于国内生产的支出。

用 Y 代表 GDP,可以得出 $Y = C + I + G + NX$。这个等式是一个恒等式——按等式中各个变量的定义,该等式必定成立。

4. 真实 GDP 与名义 GDP

名义 GDP 是按产出年份的物价(当期价格)衡量的产值。**真实 GDP** 是按某个任意(但固定)**基年**的物价(不变价格)衡量的产值。如果我们观察到名义 GDP 从一年到下一年增加了,我们并不能确定是物品与服务量增加了,还是物品与服务的价格上升了。但是,如果我们观察到真实 GDP 增加了,我们就可以肯定是物品与服务量增加了,因为每年的产出都根据同一基年价格来衡量。因此,真实 GDP 是经济产出的较好的衡量指标。

GDP 平减指数 = (名义 GDP/真实 GDP) × 100。它是衡量相对于基年物价水平的当年物价水平的物价指数。GDP 平减指数变化的百分比是**通货膨胀**的一种衡量指标。

在美国,自从 1965 年以后,真实 GDP 以平均每年约 3% 的速度增长。真实 GDP 偶尔下降的时期称为**衰退**。

5. GDP 是衡量经济福利的好指标吗

真实 GDP 是一个社会可靠的经济福利指标,因为人均真实 GDP 高的国家往往有更完善的教育体系、更完善的医疗体系、更有文化的公民、更好的住房、更好的营养、更长的预期寿命等。但是,GDP 并不是物质福利完美的衡量指标,因为它不包括闲暇、环境质量,以及在家中生产但不在市场上销售的物品与服务,例如照顾孩子、家务劳动和义务劳动。此外,GDP 没有表明收入分配状况。尽管如此,国际数据清楚地表明一国公民的生活水平与人均 GDP 密切相关。

23.1.2 有益的提示

(1) GDP 衡量生产。当我们衡量 GDP 时,我们首先必须记住,我们是在衡量某一个时期的生产(以及由此获得的收入)。如果我们记住这一点,我们一般就能正确地考虑到一些非正常的生产类型。例如：

- 我们应该如何衡量需要三年才能建成并在第三年年底出售的巡洋舰的生产？从逻辑上说，我们应该计算在每一年中完成的那一部分，并将之归入那一年的GDP。实际上，经济学家也是这样做的。如果我们在出售那一年计算整艘巡洋舰的生产，我们就高估了第三年的GDP，并低估了前两年的GDP。
- 同样，如果一所新房子是在某一年建造而在次年第一次出售，我们就应该在第一年中计算它，因为它是那一年生产的。也就是说，建造者在第一年中"购买了"建成的房子，把它加到自己的住房存货中。

尽管通常情况下我们只希望计算最终物品与服务，但我们确实计算了中间物品的生产（这些中间物品在当年并没有被使用，而是被加入企业的存货中），因为计算所有最终物品时并未包括这种生产。

（2）GDP并不包括所有支出。我们知道可以通过加总用于最终物品和服务的支出来衡量GDP（$Y = C + I + G + NX$）。但是，一旦我们知道了支出法，我们一定不能忘记"用于最终物品和服务"这句话，不能错误地计算所有支出。当我们把用于二手物品、中间物品、股票和债券的支出或者政府转移支付都计算在内时，我们得到一个极大的货币值，但它与GDP并没有关系。经济中所有交易的货币值是巨大的，它是GDP的许多倍。

（3）中间物品和最终物品是不同的。回想一下：

- 中间物品是一个企业为另一个企业生产，以供其进一步加工的物品。
- 最终物品是出售给最终使用者的物品。

GDP只包括最终物品和服务的价值，因为最终物品或服务生产中使用的中间物品的价值完全包括在最终物品或服务的价格里。如果我们在GDP中包含中间物品的价值，我们就会重复计算中间物品。

如果我们了解了这种区别，我们就能区分出经济中的物品是中间物品还是最终物品吗？例如，轮胎是中间物品还是最终物品？答案是，这取决于谁买它。当通用汽车公司从固特异公司购买了一个轮胎时，它是中间物品，因为通用汽车公司将把它安装在汽车上并出售。当你从你们当地固特异代理商处购买一个轮胎时，它是最终物品，应该计入GDP。因此，如果不知道购买者是谁，那么要区分经济中的物品是中间物品还是最终物品会很困难。

（4）不同国家不同时期GDP的比较也会有偏差。当我们比较市场发展水平不同的国家间的GDP以及一个国家不同时期的GDP时，我们应该谨慎。这是因为GDP不包括大多数非市场活动。显而易见，欠发达国家的大部分产出可能是家庭生产，例如，一个人自己种地、清扫、织布，甚至自己盖房子。由于这些活动没有包括在市场交易中，因此在欠发达国家或工业化国家的早期阶段这些活动没有被记录下来，结果就是它们的GDP可能被低估了。

23.1.3 术语与定义

为每个关键术语选择一个定义。

关键术语	定义
_____ 通货膨胀率	1. 按现期价格衡量的物品与服务的生产。
_____ 失业率	2. 家庭用于物品和服务（购买新住房除外）的支出。
_____ 宏观经济学	3. 外国对国内生产的物品的支出（出口）减国内对外国物品的支出（进口）。

	微观经济学	4.	GDP 下降的时期。
	总收入	5.	在某一既定时期一个国家内生产的所有最终物品与服务的市场价值。
	总支出	6.	工资、租金和利润。
	国内生产总值（GDP）	7.	物价上升的比率。
	中间物品	8.	由一国居民在某一既定时期内生产的所有最终物品和服务的市场价值。
	最终物品	9.	用于商业资本、住宅资本和存货的支出。
	国民生产总值（GNP）	10.	各级政府用于物品和服务的支出。
	折旧	11.	用名义 GDP 与真实 GDP 的比率乘以 100 计算的物价水平衡量指标。
	消费	12.	政府不为得到物品或服务的支出。
	投资	13.	没有工作的劳动力的百分比。
	政府购买	14.	研究家庭和企业如何做出决策，以及它们在市场上如何相互影响。
	净出口	15.	一个企业为另一个企业生产，以供其进一步加工的物品。
	转移支付	16.	研究整体经济。
	真实 GDP	17.	按基年价格衡量的物品与服务的生产。
	名义 GDP	18.	销售给最终使用者的制成品。
	基年	19.	消费、投资、政府购买和净出口。
	GDP 平减指数	20.	衡量真实 GDP 时所使用价格的年份。
	衰退	21.	设备和建筑物损耗的价值。

23.2　应用题与简答题

23.2.1　应用题

1. a. 将下表填完整。

	第 1 年	第 2 年	第 3 年
GDP	4 532	4 804	_____
消费	_____	3 320	3 544
投资	589	629	673
政府购买	861	_____	977
净出口	-45	-58	-54

   b. GDP 最大的支出部分是什么？

   c. 投资包括股票和债券的购买吗？为什么？

   d. 政府购买包括用于失业补助的政府支出吗？为什么？

   e. 净出口为负是什么意思？

2. 假设下表中的基年是 2014 年。

年份	X 的生产	每单位 X 的价格(美元)
2014	20	5
2015	20	10
2016	20	20

    a. 2014 年、2015 年和 2016 年的名义 GDP 是多少？

    b. 2014 年、2015 年和 2016 年的真实 GDP 是多少？

3. 假设下表记录了整个经济的总产量和物价,再假设下表中的基年是 2015 年。

年份	汽水的价格 (美元)	汽水的数量 (瓶)	牛仔裤的价格 (美元)	牛仔裤的数量 (条)
2015	1	200	10	50
2016	1	220	11	50

    a. 2015 年名义 GDP 的值是多少？

    b. 2015 年真实 GDP 的值是多少？

    c. 2016 年名义 GDP 的值是多少？

    d. 2016 年真实 GDP 的值是多少？

    e. 2015 年 GDP 平减指数的值是多少？

    f. 2016 年 GDP 平减指数的值是多少？

    g. 从 2015 年到 2016 年,物价大概上升了百分之多少？

    h. 从 2015 年到 2016 年,名义 GDP 的增加主要是由于真实产量增加还是由于物价上升？

4. 将下表填完整。

年份	名义 GDP(美元)	真实 GDP(美元)	GDP 平减指数
1	———	100	100
2	120	———	120
3	150	125	———

    a. 哪一年是基年？你是如何分辨的？

    b. 从第 1 年到第 2 年,是真实产量增加了,还是物价上升了？解释之。

    c. 从第 2 年到第 3 年,是真实产量增加了,还是物价上升了？解释之。

23.2.2 简答题

1. 为什么收入 = 支出 = GDP？

2. 定义 GDP,并解释该定义中的重要术语。

3. 支出的组成部分有哪些？为每一部分举出一个例子。

4. 举一个转移支付的例子。GDP 中包括转移支付吗？为什么？

5. 如果 2016 年的名义 GDP 大于 2015 年的名义 GDP,真实产量增加了吗？物价上升了吗?

6. 如果 2016 年的真实 GDP 大于 2015 年的真实 GDP,真实产量增加了吗? 物价上升了吗?

7. 如果你买了一辆完全在日本生产的价值 2 万美元的丰田汽车,这会影响美国的 GDP 吗? 说明这个交易如何影响作为 GDP 组成部分的相应支出。

8. 说明 GDP 和 GNP 之间的差别。如果美国居民在世界其他国家进行的生产和世界其他国家居民在美国的生产同样多,对美国而言,GDP 和 GNP 哪一个更大?

9. 在衡量 GDP 时,富人购买的一条新钻石项链和口渴的人购买的一瓶汽水,哪一个贡献更大? 为什么?

10. 如果你的邻居雇你为她修剪草坪而不是她自己去做,GDP 会发生什么变动? 为什么? 产出变动了吗?

23.3 自我测试题

23.3.1 判断正误题

_____ 1. 对整个经济来说,收入等于支出,因为卖者的收入必定等于买者的支出。

_____ 2. 一个苹果的生产对 GDP 的贡献大于一只金戒指的生产,因为食物本身是生活必需品。

_____ 3. 如果木场把木材以 1 000 美元出售给木匠,木匠用这些木材盖了一座以 5 000 美元出售的房子,则对 GDP 的贡献是 6 000 美元。

_____ 4. 一个人均 GDP 高的国家通常生活水平或生活质量都高于人均 GDP 低的国家。

_____ 5. 如果 2016 年的名义 GDP 大于 2015 年的名义 GDP,则真实产量必定增加了。

_____ 6. 如果美国的 GDP 大于美国的 GNP,那么外国人在美国的产出大于美国居民在世界其他国家的产出。

_____ 7. 工资是转移支付的一个例子,因为它是从企业到工人的转移支付。

_____ 8. 在美国,投资是 GDP 中最大的组成部分。

_____ 9. 名义 GDP 用现期价格去衡量产量,而真实 GDP 用不变的基年价格去衡量产量。

_____ 10. 在 2015 年生产但在 2016 年第一次出售的一辆新汽车,应该计入 2016 年的 GDP,因为当它第一次出售时才作为一种最终物品。

_____ 11. 当芝加哥市购买了一座新教学楼时,GDP 的投资部分增加了。

_____ 12. 当真实 GDP 减少时便出现了衰退。

_____ 13. 折旧是经济中设备和建筑物损耗的价值。

_____ 14. 尽管香烟的价格中包含 1 美元的税收,但因为买者为每包香烟支付了 5.5 美元,所以香烟应该按每包 5.5 美元的价格计入 GDP。

_____ 15. NNP 总是大于一国的 GNP,因为有折旧。

23.3.2 单项选择题

1. 转移支付的一个例子是_____。
   - a. 工资
   - b. 利润
   - c. 租金
   - d. 政府购买
   - e. 失业补助

2. 在制造物品和服务的过程中,工厂和设备磨损的价值用以下哪一项来衡量?
   - a. 消费
   - b. 折旧
   - c. 国民生产净值
   - d. 投资
   - e. 中间物品

3. 以下哪一项的销售不包括在2016年的GDP中?
   - a. 2016年在田纳西州生产的本田车
   - b. 理发
   - c. 房地产经纪人的服务
   - d. 在2015年建成而在2016年第一次售出的房子
   - e. 以上各项都应计算在2016年的GDP中

4. GDP可以用以下哪一项的总和来衡量?
   - a. 消费、投资、政府购买和净出口
   - b. 消费、转移支付、工资和利润
   - c. 投资、工资、利润和中间物品
   - d. 最终物品和服务、中间物品、转移支付和租金
   - e. NNP、GNP和个人可支配收入

5. 美国的GDP(与GNP相比)衡量以下哪一项?
   - a. 美国人及其工厂的生产和收入,无论在世界上什么地方
   - b. 美国境内的人和工厂的生产和收入
   - c. 只包括国内服务部门的生产和收入
   - d. 只包括国内制造业部门的生产和收入
   - e. 以上各项都不是

6. GDP是以下哪一项市场价值之和?
   - a. 中间物品
   - b. 制成品
   - c. 正常物品和服务
   - d. 低档物品和服务
   - e. 最终物品和服务

7. 如果2016年的名义GDP大于2015年的名义GDP,那么产量必定_____。
   - a. 增加
   - b. 减少
   - c. 保持不变
   - d. 增加或减少,因为没有充分的信息用以确定真实产量发生了什么变动

8. 如果一个鞋匠购买了100美元的皮革和50美元的线,并用它们制作成皮鞋,向消费者出售的价格为500美元,那么对GDP的贡献是_____。
   - a. 50美元
   - b. 100美元
   - c. 500美元
   - d. 600美元
   - e. 650美元

9. GDP应该包括以下哪一项?
   - a. 家务劳动
   - b. 毒品销售
   - c. 中间物品销售
   - d. 咨询服务
   - e. 一天不工作的价值

10. 真实GDP是用_____价格衡量,而名义GDP是用_____价格衡量。
   - a. 现期,基年
   - b. 基年,现期

c. 中间物品,最终物品

d. 国内物品,国外物品

e. 国外物品,国内物品

下表包含了一个只生产钢笔和书的经济的信息。基年是 2014 年。用这些信息回答第 11—16 题。

年份	钢笔的价格(美元)	钢笔的数量(支)	书的价格(美元)	书的数量(本)
2014	3	100	10	50
2015	3	120	12	70
2016	4	120	14	70

11. 2015 年名义 GDP 的值是多少?

    a. 800 美元

    b. 1 060 美元

    c. 1 200 美元

    d. 1 460 美元

    e. 以上各项都不对

12. 2015 年真实 GDP 的值是多少?

    a. 800 美元

    b. 1 060 美元

    c. 1 200 美元

    d. 1 460 美元

    e. 以上各项都不是

13. 2015 年 GDP 平减指数的值是多少?

    a. 100

    b. 113

    c. 116

    d. 119

    e. 138

14. 从 2014 年到 2015 年,物价上升的百分比是多少?

    a. 0

    b. 13%

    c. 16%

    d. 22%

    e. 38%

15. 从 2015 年到 2016 年,物价上升的百分比接近于多少?

    a. 0

    b. 13%

    c. 16%

    d. 22%

    e. 38%

16. 从 2015 年到 2016 年,真实 GDP 增加的百分比是多少?

    a. 0

    b. 7%

    c. 22%

    d. 27%

    e. 32%

17. 如果美国的 GDP 大于 GNP,那么_____。

    a. 外国人在美国的生产多于美国人在外国的生产

    b. 美国人在外国的生产多于外国人在美国的生产

    c. 真实 GDP 大于名义 GDP

    d. 真实 GNP 大于名义 GNP

    e. 中间物品的生产大于最终物品的生产

18. 美国的 GDP 不应该包括以下哪一项?

    a. 由国内买者购买的律师服务

    b. 由国内买者购买的维护草坪服务

    c. 由得克萨斯州购买的一座新桥

    d. 由 Lee 牛仔裤厂购买的棉花

    e. 购买一辆在伊利诺伊州生产的新马自达汽车

19. 你购买了一辆完全在德国生产的价值 4 万美元的宝马汽车。这项交易在美国 GDP 账户中应该如何记录?

    a. 投资增加 4 万美元,净出口增加 4 万美元

    b. 消费增加 4 万美元,净出口减少 4 万美元

    c. 净出口减少 4 万美元

    d. 净出口增加 4 万美元

    e. 没有影响,因为这项交易并不涉

及国内生产

20. 如果你祖父买了一所新的退休用住房,这项交易将影响_____。
    a. 消费

b. 投资
c. 政府购买
d. 净出口
e. 以上各项都不是

23.4　进阶思考题

你正在与你父亲一起看新闻报道。新闻主持人指出,某个贫困的加勒比国家的人均 GDP 只有 560 美元。由于你父亲知道,美国的人均 GDP 将近 56 000 美元,因此他提出美国的物质生活比这个加勒比国家好 100 倍。

1. 你认为你父亲的说法准确吗?
2. 在美国和这个加勒比国家的 GDP 中都没有包括哪种类型的生产?
3. 举一些这种类型的活动的例子。
4. 为什么不包括这种类型的生产对该加勒比国家产量衡量的影响大于美国?
5. 这意味着实际上该加勒比国家居民的物质生活和美国居民同样好吗?

习　题　答　案

23.1.3　术语与定义

7	通货膨胀率	2	消费
13	失业率	9	投资
16	宏观经济学	10	政府购买
14	微观经济学	3	净出口
6	总收入	12	转移支付
19	总支出	17	真实 GDP
5	国内生产总值(GDP)	1	名义 GDP
15	中间物品	20	基年
18	最终物品	11	GDP 平减指数
8	国民生产总值(GNP)	4	衰退
21	折旧		

23.2.1　应用题

1. a.

	第 1 年	第 2 年	第 3 年
GDP	4 532	4 804	5 140
消费	3 127	3 320	3 544
投资	589	629	673
政府购买	861	913	977
净出口	−45	−58	−54

b. 消费。

c. 不包括,因为交易是一种资产的购买,而不是现期生产的资本品的购买。

d. 不包括,因为失业补助是政府不以得到物品或服务为回报的支出。

e. 它意味着进口大于出口。

2. a. 100 美元,200 美元,400 美元。

  b. 100 美元,100 美元,100 美元。

3. a. 700 美元。

  b. 700 美元。

  c. 770 美元。

  d. 720 美元。

  e. 100。

  f. 107。

  g. $(107 - 100)/100 = 0.07 = 7\%$。

  h. 名义 GDP 增加的百分比 $= (770$ 美元 $- 700$ 美元$)/700$ 美元 $= 0.10 = 10\%$。物价上升的百分比 $= 7\%$,因此,名义 GDP 增加主要是由于物价上升。

4.

年份	名义 GDP(美元)	真实 GDP(美元)	GDP 平减指数
1	100	100	100
2	120	100	120
3	150	125	120

a. 第 1 年,因为 GDP 平减指数 $= 100$。

b. 物价上升 20%,真实产量未变。

c. 物价未变,真实产量增加 25%。

23.2.2 简答题

1. 因为卖者的收入等于买者的支出,而且,可以用这两个中的任何一个来衡量 GDP。

2. GDP 是在某一既定时期一个国家内生产的所有最终物品与服务的市场价值。"市场价值" = 支付的价格;"所有" = 所有合法生产的;"最终" = 给最终使用者的;"物品与服务" = 既包括物品,又包括服务;"生产的" = 当期生产的东西(不包括过去生产的东西的交易);"一个国家内" = 一国的地理范围之内;"在某一既定时期" = 一个季度或一年。

3. 消费(如食物)、投资(如工厂)、政府购买(如军事装备)、净出口(如美国福特公司卖给法国的汽车减去从日本购买的丰田汽车)。

4. 社会保障支出。不包括,因为政府没有得到作为回报的物品或服务。

5. 我们不能肯定是物价上升还是真实产量增加,因为物价上升或真实产量增加都可能引起名义 GDP 增加。

6. 真实产量增加,因为是用不变的基年物价衡量每年的产值。我们没有关于物价的信息。

7. 不会。消费增加 2 万美元,而净出口减少 2 万美元。结果,美国的 GDP 不受影响。

8. GDP 是美国境内的生产。GNP 是美国人的生产,无论生产是在哪里进行的。它们应该相等。

9. 钻石项链,因为 GDP 衡量市场价值。

10. GDP 将增加,因为修剪草坪是市场交易。但是,产出实际上没有增加。

23.3.1　判断正误题

1. 正确。

2. 错误;贡献是以市场价值为依据的。

3. 错误;房子是最终物品,价值 5 000 美元。

4. 正确。

5. 错误;价格或真实产量都可能上升。

6. 正确。

7. 错误;转移支付是不以得到物品或服务为回报的支出。

8. 错误;消费是 GDP 中最大的组成部分。

9. 正确。

10. 错误;物品的价值计算在生产的那一年里。

11. 错误;这一购买包括在政府购买中。

12. 正确。

13. 正确。

14. 正确。

15. 错误;GNP – 折旧 = NNP。

23.3.2　单项选择题

1. e　　2. b　　3. d　　4. a　　5. b　　6. e　　7. d　　8. c　　9. d　　10. b
11. c　　12. b　　13. b　　14. d　　15. d　　16. a　　17. a　　18. d　　19. b　　20. b

23.4　进阶思考题

1. 不准确。

2. 家庭生产之类的非市场活动。

3. 由个人进行且没有工资支付的家庭生产,例如种花、打扫卫生、缝制衣服、修房或建房、照顾孩子等。

4. 因为欠发达国家的产出中非市场产出的比例更高。这就是说,这部分产出不在市场上出售,从而不作为市场交易被记录下来。

5. 不是。这仅仅意味着发展水平差别相当大的国家之间的数据比较是极为困难的,也往往是不准确的。

第 24 章
生活费用的衡量

目　标

在本章中你将

- 知道如何编制消费物价指数(CPI)
- 考虑为什么 CPI 并不是生活费用的完美衡量指标
- 比较作为物价总水平衡量指标的 CPI 与 GDP 平减指数
- 说明如何用物价指数来比较不同时期的美元金额
- 了解真实利率与名义利率之间的区别

效　果

在实现这些目标之后,你应该能

- 列出计算通货膨胀率所需要的五个步骤
- 讨论 CPI 可能有偏差的三个原因
- 描述 CPI 和 GDP 平减指数之间的两个差别
- 把用 1990 年美元衡量的值转变为用 2010 年美元衡量的值
- 解释真实利率、名义利率和通货膨胀率之间的关系

24.1 本章概述

24.1.1 本章复习

为了比较工人的收入,比如1930年的收入和现在的收入,我们首先必须把他们收入的货币量转变为可比较的购买力衡量指标,因为在这段时期中存在着通货膨胀。本章解释了经济学家如何根据通货膨胀的影响校正经济变量。通货膨胀通常用消费物价指数来衡量。

1. 消费物价指数

消费物价指数(CPI)是普通消费者所购买的物品与服务的总费用的衡量指标。美国的CPI由**劳工统计局**计算。

计算CPI和通货膨胀率有五个步骤:

- **固定篮子**。估算普通消费者购买的物品数量(**一篮子物品与服务**)。
- **找出价格**。确定篮子中每种东西在每个时点(年度CPI的每一年)的价格。
- **计算一篮子物品与服务的费用**。用价格和数量计算每年一篮子物品与服务的费用。
- **选择基年并计算指数**。选择一年作为其他各年可以比较的标准(**基年**)。基年的选择具有随意性。计算出每年一篮子物品与服务费用和基年一篮子物品与服务费用的比率,用得到的比率乘以100,得出的数字就是那一年CPI的值。
- **计算通货膨胀率**。**通货膨胀率**是自前一个时期以来物价指数变动的百分比。例如:

$$2016\ 年通货膨胀率 = \frac{2016\ 年\ CPI - 2015\ 年\ CPI}{2015\ 年\ CPI} \times 100\%$$

实际CPI既可以按月计算,也可以按年计算。此外,劳工统计局计算了一个不包括食品和能源的CPI,称为核心CPI。劳工统计局还计算**生产物价指数**(PPI),即企业所购买的一篮子物品与服务的费用的衡量指标。PPI的变动通常先于CPI的变动,因为企业通常以提高消费物价的形式转移增加的成本。

CPI篮子中的主要项目有住房(42%)、交通(16%)、食物和饮料(15%)、医疗(8%)、教育和通信(7%)、休闲娱乐活动(6%)、服装(3%)以及其他物品和服务(3%)。

生活费用是为保持**生活水平**不变而需要增加的收入量。用CPI衡量生活费用的变动有三个问题:

- 替代偏向:随着时间的推移,一些物品的价格上升得比另一些物品快。消费者将转向用较便宜的物品来作为替代品。但是,CPI依据的是固定的物品篮子。由于CPI没有反映出消费者用便宜物品替代昂贵物品的事实,因此CPI高估了生活费用的增加。
- 新物品的引进:当引进新物品时,1美元的价值增加了,因为它可以购买更多种物品。由于CPI依据的是固定的消费篮子,它没有反映出美元购买力的这种增加(相当于物价的下降)。因此,CPI又高估了生活费用的增加。
- 无法衡量的质量变动:如果一种物品(如轮胎和电脑)的质量逐年提高,那么,即使实际物价未变,1美元的价值也上升了。这等价于物价的下降。如果劳工统计局没有考虑到质量的提高,CPI就会高估生活费用的增加;相反,质量下降的情况也是这样。

经济学家相信,这三个因素已经引起CPI每年高估通货膨胀率1个百分点左右。这种通货膨胀率微小的高估引起社会保障补助支出过多,因为社会保障补助与CPI相联系。近年来对 CPI 的技术性调整可能已经使 CPI 的高估误差减少了一半左右。

回想一下,**GDP 平减指数**是**名义 GDP**(按现期物价衡量的当期产出)与**真实 GDP**(按基年物价衡量的当期产出)的比率。因此,GDP 平减指数也是一种物价指数。它在两个方面不同于 CPI:

- 第一,一篮子物品不同。GDP 平减指数使用国内生产的所有物品与服务的价格。CPI 只使用消费者购买的物品与服务的价格,无论这些物品是在哪里生产的。因此,CPI 包括引起汽油价格上升的国外石油价格的变动,但 GDP 平减指数并不包括这种变动;而 GDP 平减指数包括国内生产的核导弹价格的变动,但 CPI 并不包括这种变动。

- 第二,GDP 平减指数是使用当期产出的物品与服务量,因此,其"篮子"每年都在变。CPI 使用固定的消费篮子,因此,其"篮子"只有在劳工统计局选择变动时才变动。尽管 CPI 和 GDP 平减指数密切相关,但是 CPI 由于固有的替代偏向及与新物品的引入相关的偏差,可能上升得略快一点。

2. 根据通货膨胀的影响校正各个经济变量

经济学家用 CPI 来校正美元变量,如收入和利率,以消除通货膨胀的影响。

我们根据通货膨胀校正收入,以便比较不同年份的收入。比较不同年份美元价值的一般公式如下:

X 年美元的价值 = Y 年美元的价值 ×(X 年的 CPI/Y 年的 CPI)

用文字表述就是:要做出以上转换,用结束时的物价水平和起始时的物价水平的比率乘以你希望调整的美元价值即可。你现在得到的价值就是用与结束时物价水平一致的美元来衡量的。

例如,假设你爷爷在 1969 年赚了 17 000 美元,在 1994 年赚了 55 000 美元。在这 25 年间,他的生活水平提高了吗?

1969 年的 CPI = 36.7

1994 年的 CPI = 148.2

17 000 美元 ×(148.2/36.7) = 68 649 美元 > 55 000 美元

在 1969 年 17 000 美元的薪水买的东西和在 1994 年 68 649 美元的薪水买的东西一样多。由于你爷爷在 1994 年只赚到了 55 000 美元,因此他的真实收入减少了,他的生活水平实际上下降了。

美国不同地区的 CPI 也被称为地区价格平价。这个统计数字可以用来比较不同州之间的生活费用。

当美元金额,比如社会保障支出,自动地根据通货膨胀调整的时候,我们可以说,这就是对通货膨胀的指数化。带有这种条款的合同可以说已包含了**生活费用津贴**(COLA)。

我们还可以根据通货膨胀来校正利率。这种校正之所以必要,是因为如果在贷款期间物价上升了,则用于偿还的美元金额就买不到当初借款时的美元金额能买到的那么多物品了。

名义利率是没有对通货膨胀的影响进行校正的利率。**真实利率**是已对通货膨胀的影响进行校正的利率。根据通货膨胀校正名义利率的公式是:

真实利率 = 名义利率 - 通货膨胀率

例如,如果银行对你的存款支付 4% 的利率,通货膨胀率是 3%,那么你的存款的真实利率只有 1% :4% –3% =1%。

24.1.2 有益的提示

（1）你个人的消费篮子也许并不典型。由于 GDP 平减指数和 CPI 依据的是不同的物品和服务篮子，两个指数提供了略有不同的生活费用衡量指标。同样，你个人的消费篮子可能不同于劳工统计局在计算 CPI 时所用的典型的消费篮子。例如，当你是一个年轻人时，你的篮子里电器和衣服的比重更大。如果衣服价格上升得比平均水平快，年轻人生活费用的上升就快于 CPI 所显示的水平。同样，当你变老时，你的篮子里医疗和旅游的比重更大。这些价格的异常上升会使老年人的生活费用上升快于 CPI 所显示的水平。

（2）可以向后或向前调整美元的价值。在前面，有一个把 1969 年的 17 000 美元收入变为产生同样购买力所需的 1994 年收入量的数值例子。我们发现，要在 1994 年有与 1969 年同样的生活水平，你爷爷需要 68 649 美元。由于他在 1994 年只赚了 55 000 美元，我们认为在这 25 年间他的生活水平实际上下降了。

我们也可以使用另一种做法，把 1994 年的 55 000 美元收入变为用 1969 年美元衡量的等量购买力，并将所得出的数字和 1969 年的 17 000 美元做比较。我们得出同样的结论——他在 1969 年时生活得更好。

$$55\,000\ 美元 \times (36.7/148.2) = 13\,620\ 美元 < 17\,000\ 美元$$

他 1994 年的 55 000 美元收入与 1969 年的 13 620 美元收入相当（或者说达到相同的生活水平）。由于他在 1969 年实际赚了 17 000 美元，因此他在 1969 年的生活水平更高。

（3）当根据通货膨胀校正利率时，要像一个债权人那样思考。如果你在某一年贷给某人 100 美元，而且你向他收取 7% 的利率，到年底时你将得到 107 美元。那么，你多得到 7 美元的购买力了吗？假设通货膨胀率是 4%。你在年底时需要得到 104 美元才能不赔不赚。这就是说，你需要有 104 美元才能购买你在发放贷款时用 100 美元所能购买到的同样一组物品与服务。从这种意义上说，你发放 100 美元贷款只多得到了 3 美元的购买力，或者 3% 的真实收益。因此，贷款的真实利率是 3%。用公式计算如下：

$$7\% - 4\% = 3\%$$

24.1.3 术语与定义

为每个关键术语选择一个定义。

关键术语	定　义
＿＿＿＿ 消费物价指数（CPI）	1. 保持生活水平不变所需要的收入。
＿＿＿＿ 通货膨胀率	2. 规定根据通货膨胀自动调整美元金额的合同。
＿＿＿＿ 核心 CPI	3. 典型消费者购买的固定一篮子物品与服务的价格与基年一篮子物品与服务价格的比率再乘以 100。
＿＿＿＿ GDP 平减指数	4. 典型消费者所购买的每种物品与服务的数量。
＿＿＿＿ （物品与服务）篮子	5. 企业所购买的固定一篮子物品与服务的价格与基年一篮子物品与服务价格的比率再乘以 100。
＿＿＿＿ 基年	6. 物价指数变动百分比。
＿＿＿＿ 劳工统计局	7. 根据通货膨胀的影响校正的利率。

_____ 生产物价指数(PPI)

_____ 生活费用

_____ 生活水平

_____ 替代偏向

_____ 名义 GDP

_____ 真实 GDP

_____ 指数化合同

_____ 生活费用津贴(COLA)

_____ 名义利率

_____ 真实利率

8. 为保持生活水平不变而自动增加的收入。

9. CPI 没有考虑到消费者会转向更便宜的物品与服务作为替代品。

10. 物质福利。

11. 按基年价格衡量的产出。

12. 按现期价格衡量的产出。

13. 名义 GDP 与真实 GDP 的比率再乘以 100。

14. 没有根据通货膨胀的影响进行校正的利率。

15. 用于与其他年份比较的基准年。

16. 负责跟踪价格的政府机构。

17. 食物和能源之外的消费者物品与服务的总体费用的衡量指标。

24.2 应用题与简答题

24.2.1 应用题

1. 下表表示一个名为大学国的国家消费的物品价格与数量。假设基年是 2014 年,并且假定 2014 年是典型的消费篮子确定的那一年,因此,为计算每年的 CPI,只需要计算 2014 年的消费量。

年份	书的价格 (美元)	书的数量 (本)	铅笔的价格 (美元)	铅笔的数量 (支)	钢笔的价格 (美元)	钢笔的数量 (支)
2014	50	10	1.0	100	5	100
2015	50	12	1.0	200	10	50
2016	60	12	1.5	250	20	20

a. 2014 年 CPI 的值是多少?

b. 2015 年 CPI 的值是多少?

c. 2016 年 CPI 的值是多少?

d. 2015 年的通货膨胀率是多少?

e. 2016 年的通货膨胀率是多少?

f. 在你得出的 CPI 和相应的通货膨胀率中,你发现了哪种类型的偏差?解释之。

g. 如果你的工资合同中有根据以上计算的 CPI 调整生活费用津贴的条款,则在 2014—2016 年间,你的生活水平是会提高、降低,还是不变?为什么?

h. 仍然假设你的工资合同中有根据以上计算的 CPI 调整生活费用津贴的条款。如果你自己只消费钢笔(而不消费纸或铅笔),则在 2014—2016 年间,你的生活水平是会提高、降低,还是不变?为什么?

2. 下表显示了 1965—2015 年美国的 CPI 和联邦最低小时工资。

年 份	CPI	最低工资（美元/小时）
1965	31.5	1.25
1966	32.4	1.25
1967	33.4	1.40
1968	34.8	1.60
1969	36.7	1.60
1970	38.8	1.60
1971	40.5	1.60
1972	41.8	1.60
1973	44.4	1.60
1974	49.3	2.00
1975	53.8	2.10
1976	56.9	2.30
1977	60.6	2.30
1978	65.2	2.65
1979	72.6	2.90
1980	82.4	3.10
1981	90.9	3.35
1982	96.5	3.35
1983	99.6	3.35
1984	103.9	3.35
1985	107.6	3.35
1986	109.6	3.35
1987	113.6	3.35
1988	118.3	3.35
1989	124.0	3.35
1990	130.7	3.80
1991	136.2	4.25
1992	140.3	4.25
1993	144.5	4.25
1994	148.2	4.25
1995	152.4	4.25
1996	156.9	4.75
1997	160.5	5.15
1998	163.0	5.15
1999	166.6	5.15
2000	172.2	5.15
2001	177.0	5.15
2002	179.9	5.15
2003	184.0	5.15
2004	188.9	5.15
2005	195.3	5.15
2006	201.6	5.15
2007	207.3	5.85
2008	215.3	6.55

年　份	CPI	最低工资（美元/小时）
2009	214.5	7.25
2010	218.1	7.25
2011	224.9	7.25
2012	229.6	7.25
2013	233.0	7.25
2014	236.7	7.25
2015	237.0	7.25

    a. 把 1965 年的最低工资根据通货膨胀率调整到相当于按 2015 年物价衡量的值。

    b. 在这 50 年间，最低工资工人的生活水平发生了什么变化？

    c. 把 2015 年的最低工资根据通货膨胀率调整到相当于按 1965 年物价衡量的值。

    d. 对于这一时期最低工资工人的生活水平，这两种方法给出的结果一致吗？

    e. 在 1981—1989 年的 8 年间，最低工资没有变。这一时期最低工资的购买力下降了百分之多少？（提示：根据通货膨胀率把 1981 年的最低工资调整为 1989 年的水平，然后得出变动的百分比。）

    f. 1990—2000 年这一时期，最低工资工人的生活水平有什么变动？（提示：根据通货膨胀率把 1990 年的最低工资调整为 2000 年的水平，并与 2000 年的最低工资比较。）

3. 假设你以 9% 的名义利率借给室友 100 美元一年。

    a. 在年底时，你的室友应向你支付多少美元的利息？

    b. 假设在你们双方就贷款条款达成协议时，你们预期偿还贷款那一年的通货膨胀率将是 5%。你们双方预期这笔贷款的真实利率是多少？

    c. 假定在年底，你惊讶地发现这一年的实际通货膨胀率是 8%。这笔贷款实际的真实利率是多少？

    d. 在以上描述的情况之下，实际通货膨胀率结果高于预期。你们俩谁有未预期到的收益与损失？是你的室友（债务人），还是你（债权人）？为什么？

    e. 如果实际通货膨胀率上升到 11%，那么这笔贷款实际的真实利率是多少？

    f. 解释真实利率为负是什么意思。

24.2.2　简答题

1. CPI 衡量什么？

2. 为了编制 CPI，必须通过哪些步骤？

3. 以下哪一项对 CPI 影响较大：劳力士手表的价格上升了 20%，还是新汽车的价格上升了 20%？为什么？

4. 假设进口的宝马汽车（在德国生产）的价格上升了。这对 CPI 的影响更大，还是对 GDP 平减指数的影响更大？为什么？

5. 如果劳工统计局没有认识到更新型号的电脑的存储量、待机时间与速度的提高，CPI 会出现哪一方向的偏差？我们把这种类型的偏差称为什么？

6. 1978—1979 年，最低工资增加了 25 美分。最低工资工人的生活水平提高了吗？（用应用题第 2 题中的数据。)

7. 真实利率衡量什么？

8. 假设你按 10% 的名义利率借钱给你妹妹，因为你们双方都预期通货膨胀率是 6%。此外，假设在偿还贷款之后，你发现在贷款期间实际通货膨胀率只有 2%。谁以另一方的损失为代价而获益：是你还是你妹妹？为什么？

9. 再看第 8 题，当通货膨胀结果高于或低于预期时，对谁（债权人或债务人）将从贷款合同中受益或受损做出一般性表述。

10. 如果工人和企业根据他们的通货膨胀预期谈判工资的增加幅度，而实际通货膨胀结果高于预期，那么工人和企业之中谁受益？谁受损？为什么？

24.3 自我测试题

24.3.1 判断正误题

_____1. 进口照相机价格的上升会反映在 CPI 中，但不会反映在 GDP 平减指数中。

_____2. CPI 中包括美国军方购买的直升机价格的上升。

_____3. 由于汽油价格上升引起消费者更多地骑自行车并更少地开车，因此 CPI 往往低估了生活费用。

_____4. 钻石价格上升对 CPI 的影响大于食品价格同样百分比的上升，因为钻石极为昂贵。

_____5. 物价指数中的"基年"是用来与其他各年相比较的基准。

_____6. 如果 CPI 每年上升 5%，那么该国的每个人为了保持生活水平不变，收入需要正好增加 5%。

_____7. 编制 PPI 是为了衡量总生产价格的变动。

_____8. 如果劳工统计局没有认识到最近生产的汽车可以比老式汽车多开许多路程，那么 CPI 往往会高估生活费用。

_____9. 如果你的工资从 5.00 美元上升到 6.25 美元，而 CPI 从 112 上升到 121，你应该会感到你的生活水平提高了。

_____10. CPI 中最大的物品与服务项目是医疗。

_____11. 真实利率不可能是负的。

_____12. 如果名义利率是 12%，通货膨胀率是 7%，那么真实利率就是 5%。

_____13. 如果债权人要求 4% 的真实收益率，而且，他们预期通货膨胀率是 5%，那么当他们发放贷款时，会要求 9% 的利息。

_____14. 如果债权人和债务人就名义利率达成一致，而通货膨胀率结果高于他们的预期，那么债权人就将以债务人受损为代价而受益。

_____15. 核心 CPI 衡量的是不包括食品和能源的消费品价格。

24.3.2 单项选择题

1. 通货膨胀可以用以下各项衡量，除了_____。

    a. GDP 平减指数

    b. CPI

    c. PPI

    d. 最终物品物价指数

e. 以上各项都可以用来衡量通货膨胀

2. 以下哪一项消费项目的价格上升10%对CPI的影响最大?
   a. 住房
   b. 交通
   c. 医疗
   d. 食品和饮料
   e. 以上各项都产生同样影响

3. 在1989年,CPI是124.0。在1990年,CPI是130.7。这一时期的通货膨胀率是多少?
   a. 5.1%
   b. 5.4%
   c. 6.7%
   d. 30.7%
   e. 不知道基年,无法判断

4. 以下哪一项最可能引起美国CPI的上升高于GDP平减指数的上升?
   a. 福特汽车的价格上升
   b. 军方购买的坦克的价格上升
   c. 国内生产并仅卖给以色列的战斗机的价格上升
   d. 日本生产并在美国销售的本田汽车的价格上升
   e. 约翰·迪尔拖拉机的价格上升

5. CPI所根据的"篮子"中包括_____。
   a. 企业购买的原材料
   b. 当期总产出
   c. 典型消费者购买的物品
   d. 消费生产
   e. 以上各项都不是

6. 如果苹果价格上升引起消费者少买苹果而多买橘子,那么CPI将受以下哪一项的影响?
   a. 替代偏差
   b. 由于新物品引进的偏差
   c. 由于无法衡量的质量变动的偏差
   d. 基年偏差
   e. 以上各项都不是

用下表回答第7—12题。该表显示了Carnivore国的价格和消费量。假定基年是2014年。也假定2014年是典型消费篮子确定的那一年,因此,为了计算每年的CPI,只需要计算2014年的消费量。

年 份	牛肉的价格（美元）	牛肉的数量（磅）	猪肉的价格（美元）	猪肉的数量（磅）
2014	2.00	100	1.00	100
2015	2.50	90	0.90	120
2016	2.75	105	1.00	130

7. 基年这一篮子的价值是多少?
   a. 300美元
   b. 333美元
   c. 418.75美元
   d. 459.25美元
   e. 以上各项都不是

8. 2014年、2015年和2016年CPI的值分别是多少?
   a. 100,111,139.6
   b. 100,109.2,116
   c. 100,113.3,125
   d. 83.5,94.2,100
   e. 以上各项都不是

9. 2015年的通货膨胀率是多少?
   a. 0
   b. 9.2%
   c. 11%
   d. 13.3%
   e. 以上各项都不是

10. 2016年的通货膨胀率是多少?
   a. 0
   b. 10.3%
   c. 11%
   d. 13.3%
   e. 以上各项都不是

11. 该表表明2015年的通货膨胀率被高估了,因为_____。
   a. 新物品引入引起的偏差
   b. 无法衡量的质量变动引起的

偏差

    c. 替代偏差

    d. 基年偏差

    e. 以上各项都不是

12. 假设该表的基年由 2014 年变为 2016 年,同样,假设典型的消费篮子在 2016 年被确定(现在用 2016 年的消费篮子)。2015 年新的 CPI 值是多少?

    a. 90.6

    b. 100.0

    c. 114.7

    d. 134.3

    e. 以上各项都不是

13. 假设你的收入从 19 000 美元增加到 31 000 美元,而 CPI 从 122 上升到 169。你的生活水平可能_____。

    a. 下降

    b. 提高

    c. 保持不变

    d. 不知道基年,无法判断

14. 如果名义利率是 7%,通货膨胀率是 3%,那么真实利率是_____。

    a. −4%

    b. 3%

    c. 4%

    d. 10%

    e. 21%

15. 以下哪一项表述是正确的?

    a. 真实利率等于名义利率与通货膨胀率之和。

    b. 真实利率等于名义利率减通货膨胀率。

    c. 名义利率等于通货膨胀率减真实利率。

    d. 名义利率等于真实利率减通货膨胀率。

    e. 以上各项都不是。

16. 如果通货膨胀率是 8%,真实利率是 3%,那么名义利率应该是_____。

    a. 3/8%

    b. 5%

    c. 11%

    d. 24%

    e. −5%

17. 在以下哪一个条件下,你喜欢当债权人?

    a. 名义利率是 20%,通货膨胀率是 25%

    b. 名义利率是 15%,通货膨胀率是 14%

    c. 名义利率是 12%,通货膨胀率是 9%

    d. 名义利率是 5%,通货膨胀率是 1%

18. 在以下哪一个条件下,你喜欢当债务人?

    a. 名义利率是 20%,通货膨胀率是 25%

    b. 名义利率是 15%,通货膨胀率是 14%

    c. 名义利率是 12%,通货膨胀率是 9%

    d. 名义利率是 5%,通货膨胀率是 1%

19. 如果债务人和债权人就名义利率达成一致,而通货膨胀结果低于他们的预期,那么_____。

    a. 债务人将以债权人受损为代价而获益

    b. 债权人将以债务人受损为代价而获益

    c. 债权人和债务人都不会受益,因为名义利率是由合同固定的

    d. 以上各项都不是

20. 如果工人和企业根据他们对通货膨胀的预期就工资增加达成一致,结果通货膨胀高于预期,那么_____。

    a. 企业将以工人受损为代价而获益

b. 工人将以企业受损为代价而获益

c. 工人和企业都不会获益,因为工

资增加是由劳动协议固定的

d. 以上各项都不是

24.4 进阶思考题

你爷爷在 1995 年戒烟了。当你问他为什么戒烟时,你爷爷给了你一个惊人的答案。他说:"我戒烟不是为了有利于健康,而是因为烟太贵了。我 1965 年在越南开始抽烟时,一包烟仅 45 美分。我买的最后一包烟是 2 美元,我无法接受香烟的支出是过去的 4 倍。"

1. 在 1965 年,CPI 是 31.5。在 1995 年,CPI 是 152.4。尽管你爷爷戒烟是值得赞扬的,但他的解释错在哪里?
2. 用 1995 年的价格衡量,1965 年一包烟的费用相当于多少?
3. 用 1965 年的价格衡量,1995 年一包烟的费用相当于多少?
4. 两种方法得出的结论相同吗?
5. 上面的故事是经济学家所说的"货币幻觉"的一个例子。你认为经济学家为什么选择"货币幻觉"这一措辞来描述这种行为?

习 题 答 案

24.1.3 术语与定义

3 消费物价指数	10 生活水平
6 通货膨胀率	9 替代偏向
17 核心 CPI	12 名义 GDP
13 GDP 平减指数	11 真实 GDP
4 (物品与服务)篮子	2 指数化合同
15 基年	8 生活费用津贴(COLA)
16 劳工统计局	14 名义利率
5 生产物价指数(PPI)	7 真实利率
1 生活费用	

24.2.1 应用题

1. a. (1 100 美元/1 100 美元) × 100 = 100。

b. (1 600 美元/1 100 美元) × 100 = 145.5。

c. (2 750 美元/1 100 美元) × 100 = 250。

d. [(145.5 − 100)/100] × 100% = 45.5%。

e. [(250 − 145.5)/145.5] × 100% = 71.8%。

f. 替代偏向,因为随着钢笔价格上升,钢笔的消费量大大减少了。

g. 提高,因为 CPI 高估了生活费用的增加。

h. 降低,因为钢笔价格上升的百分比大于 CPI 的上升。

2. a. 1.25 美元 × (237.0/31.5) = 9.40 美元。

   b. 下降,因为 9.40 美元 > 7.25 美元。

   c. 7.25 美元 × (31.5/237.0) = 0.96 美元。

   d. 一致,因为 0.96 美元 < 1.25 美元。1965 年最低工资工人的生活状况较好。

   e. 3.35 美元 × (124.0/90.9) = 4.57 美元。因此,(3.35 美元 − 4.57 美元)/4.57 美元 = −27%,即最低工资的购买力下降了 27%。另一种做法是,你可以将 1989 年的工资根据通货膨胀率调整到 1981 年的水平,并得出同样的结果。

   f. 因为 3.80 美元 × (172.2/130.7) = 5.01 美元 < 5.15 美元,所以最低工资工人的生活水平在 20 世纪 90 年代略有提高。

3. a. 9 美元。

   b. 9% − 5% = 4%。

   c. 9% − 8% = 1%。

   d. 你的室友(债务人)获益,你受损,因为债务人偿还的美元的价值惊人地减少了。

   e. 9% − 11% = −2%。

   f. 由于通货膨胀,支付的利息不足以使债权人收支相抵(与贷款之日相比,购买力保持不变)。

24.2.2 简答题

1. 典型消费者购买的物品与服务的总费用。

2. 固定篮子,找出价格,计算一篮子的费用,选择基年并计算指数。

3. 新汽车,因为在典型的消费篮子中新汽车的数量多。

4. CPI,因为典型的消费篮子中有宝马汽车,但美国的 GDP 中不包括宝马汽车。

5. 上升,无法衡量的质量变动。

6. 没有。2.65 美元 × (72.6/65.2) = 2.95 美元,这大于 2.90 美元。

7. 根据通货膨胀的影响进行校正的利率。

8. 预期的真实利率为 4%,实际的真实利率为 8%。你获益,你的妹妹受损。

9. 当通货膨胀高于预期时,债务人获益;当通货膨胀低于预期时,债权人受益。

10. 企业获益,工人受损,因为工资的上升不如生活费用的上升多。

24.3.1 判断正误题

1. 正确。

2. 错误;军用直升机不是消费品。

3. 错误;CPI 往往高估生活费用,因为人们会用更便宜的物品作为替代品。

4. 错误;CPI 中的价格根据消费者购买每种东西的多少加权,食品是消费篮子中较大的部分。

5. 正确。

6. 错误;CPI 往往高估通货膨胀的影响。

7. 错误;PPI 衡量原材料价格的变动。

8. 正确。

9. 正确。

10. 错误;最大的项目是住房。

11. 错误;如果通货膨胀率高于名义利率,那么真实利率就是负的。

12. 正确。　　　　　　　　　　　　　　　　　　　价而获益。

13. 正确。　　　　　　　　　　　　　　　　15. 正确。

14. 错误；债务人以债权人的损失为代

24.3.2　单项选择题

1. d　2. a　3. b　4. d　5. c　6. a　7. a　8. c　9. d　10. b

11. c　12. a　13. b　14. c　15. b　16. c　17. d　18. a　19. b　20. a

24.4　进阶思考题

1. 他只看到了未根据通货膨胀校正的香烟的费用。可能的情况是，真实费用并没有乍看上去上升得那么多，也许还下降了。

2. 0.45 美元×(152.4/31.5) = 2.18 美元 > 2 美元。

3. 2 美元×(31.5/152.4) = 0.41 美元 < 0.45 美元。

4. 相同。两种方法都表明，在根据通货膨胀校正之后，1965 年的香烟实际上更贵。

5. 当人们依据未根据通货膨胀校正的值进行决策时，可能会有一种生活费用增加了的幻觉。

第 9 篇　长期中的真实经济

第 25 章
生产与增长

目　标

在本章中你将

- 看到世界各国的经济增长差别有多大
- 考虑为什么生产率是一国生活水平的关键决定因素
- 分析决定一国生产率的各种因素
- 考察一国的政策是如何影响其生产率增长的

效　果

在实现这些目标之后,你应该能

- 列出人均 GDP 最高的国家和人均 GDP 增长最快的国家
- 解释为什么在长期中生产会制约消费
- 列出并解释各种生产要素
- 列举可以影响一国生产率与增长的政策

25.1 本章概述

25.1.1 本章复习

在某一个时点上,世界各国的生活水平存在巨大差别;在一个国家的不同时期,生活水平也存在巨大差别——例如,在今天的美国和印度之间,以及在今天的美国和 100 年前的美国之间。各国的增长率也不尽相同,中国迅速,津巴布韦增长缓慢。本章考察**人均真实 GDP** 的水平和**增长率**的长期决定因素。

1. 世界各国的经济增长

各国人均真实 GDP 的水平和人均真实 GDP 的增长率都存在巨大差别。

- 现在,美国人均真实 GDP 的水平约为印度的 10 倍和中国的 4 倍。
- 但是,由于各国人均真实 GDP 的增长率也不相同,因此按人均真实 GDP 排序的各国排名一直在变。例如,在过去 100 年间,巴西、日本和中国的排名相对于其他国家上升了,因为它的增长率高于平均水平;而英国的排名下降了,因为其增长率低于平均水平。

由于经济增长,今天的普通美国人所享受的便利,例如电视、空调、汽车、电话和医疗,是 150 年前最富有的美国人也未享受到的。由于通货膨胀和产出衡量指标没有充分反映新物品的引进,我们高估了通货膨胀,并低估了经济增长。

2. 生产率:作用及决定因素

一国的生活水平直接取决于其公民的生产率,因为一个经济的收入等于该经济的产出。**生产率**是指一个工人每小时可以生产的物品与服务量。一个工人的生产率由可以得到的物质资本、人力资本、自然资源和技术知识决定。以下是对这些投入或**生产要素**的解释:

- 人均物质资本(或简称为资本):**物质资本**是指用于生产物品与服务的设备和建筑物的存量。要注意的是,这些工具和设备本身是以前人们所生产的产出。
- 人均人力资本:**人力资本**是指工人通过教育、培训和经验获得的知识和技能。要注意的是,人力资本与物质资本一样,同样是人造的或人生产的生产要素。
- 人均自然资源:**自然资源**是指自然界提供的投入,如土地、河流和矿藏。自然资源有两种形式:**可再生资源**和**不可再生资源**。
- 技术知识:**技术知识**是指社会关于生产物品与服务最好方法的知识。技术进步的例子包括在农业中除草剂和杀虫剂的发明与应用,以及在制造业中流水线的发明与应用,等等。

技术知识不同于人力资本。技术知识是社会对最佳生产方法的理解和掌握,而人力资本是体现在劳动力上的对这些方法的掌握量。

生产函数确立了生产中的投入量和产量之间的关系。如果一个生产函数具有**规模收益**不变的特性,那么当所有投入翻一番时,产量也会翻一番。

总之,每个工人的产量(劳动生产率)取决于工人的人均物质资本、人均人力资本、人均自然资源以及技术状态。

唯一不是生产出来的生产要素是自然资源。由于不可再生的自然资源的供给是有限的,因此许多人认为,存在世界经济能增长多少的限制。但是,迄今为止,我们通过技术进步找出了克服这些限制的方法。自然资源价格稳定或者下降的证据表明,在扩展我们有限的资源方面,我们一直都是成功的。

3. 经济增长和公共政策

人均物质资本、人均人力资本、人均自然资源和技术知识决定生产率。生产率决定生活水平。如果一个政府希望提高公民的生产率和生活水平，它就应该采用这样一些政策：

- 鼓励储蓄和投资。如果社会消费少而储蓄多，它就有更多可投资于资本生产的资源。增加的资本提高了生产率和生活水平。这种增长有机会成本——社会必须为了达到较快增长而放弃当期消费。资本投资服从**收益递减规律**：随着资本存量的增加，每增加一单位资本所生产的额外产出减少。因此，穷国的资本增加所带来的增长大于富国等量的资本增加所带来的增长。这被称为**追赶效应**，因为较穷的国家更容易实现快速的增长。但是，由于资本的收益递减，穷国的高储蓄和高投资只能在一个时期内引起高增长，随着经济积累到较高的资本存量水平，增长又会放慢。

- 鼓励来自国外的投资。通过取消对国内资本所有权的限制以及提供稳定的政治环境，可鼓励来自国外的投资。除将国内储蓄投资于资本之外，一国也可以吸引外国人的投资。外国投资有两种。**外国直接投资**是由外国企业拥有并经营的资本投资。**外国有价证券投资**是由外国人筹资但由本国居民经营的资本投资。来自国外的投资所引起的一国 GDP 的增加大于其 GNP 的增加，因为投资国从投资中赚取了利润。世界银行和国际货币基金组织帮助将外国投资引入穷国。

- 鼓励教育。教育是人力资本投资。教育不仅提高了受教育者的生产率，还会提供一种正的外部性。当一个人的行为影响一个旁观者的福利时，**外部性**就产生了。一个受过教育的人会产生一些对其他人有益的思想。这是支持公共教育的观点。当穷国受过教育的工人移民到富国时，它们会由于人才外流而遭受损失。

- 改善健康和营养水平。在工人健康和营养方面的支出能够显著提高劳动生产率。这些支出类似于教育支出，有时被看做人力资本的一种投资。

- 保护产权并确保政治稳定。**产权**是指人们控制自己资源的能力。为了使人们愿意工作、储蓄与投资，以及按合同与其他人交易，他们必须确信，他们的生产和资本不会被偷盗，并且他们的协议会得到执行。即使是微弱的政治不稳定的可能性也会引起产权的不确定性，因为一个通过革命掌握政权的新政府可能会没收财产——特别是资本。

- 鼓励自由贸易。自由贸易与技术进步一样，它使一国从生产一种物品转为由另一个国家更有效率地生产这些物品。**幼稚产业论**提出，发展中国家应该实行**内向型政策**，即限制国际贸易以保护国内不成熟的行业免受外国竞争。大多数经济学家不支持幼稚产业论，并倡导减少或取消贸易壁垒的**外向型政策**。有利的自然地理条件，例如良好的海港和漫长的海岸线会促进贸易及其增长。

- 鼓励研究和开发。生活水平的提高主要是来自研究与开发的技术知识的增加。在一段时期以后，知识成为一种**公共物品**，即我们可以同时利用这种知识而不会减少其他人的利益。要用拨款、税收减免以及对发明确定产权保护的专利来鼓励研究与开发。此外，也可以通过保持产权与政治稳定来鼓励研究与开发。

- 应对人口增长。人口增长对生产率有正反两方面的影响。快速的人口增长要求把自然资源分配给更多的人。托马斯·马尔萨斯(Thomas Malthus, 1766—1834)认为，人口增长总会提高食物供给引起的限制，使人类永远生活在贫困中。任何一种脱贫的努力只会使穷人生更多孩子，使他们回到只能糊口的生活。马尔萨斯的预言并没有成为现实，因为他低估了技术进步扩大食物供给的能力。快速的人口增长通过把资本分到更多人身上而引起资本存量稀释(无论是物质资本还是人力资本)。受过教育的妇女往往少生孩子,因为随着机会的增加,生孩子的机会成本也增加了。但是,人口多也会促进技术进步。从整个历史上看,大多数技术进步产生于人口多的中心地区,这些地区有更多能发明新事物和交流思想的人。

25.1.2 有益的提示

一个简单的例子能使我们更加清楚地定义生产要素。生产过程越简单,越容易区分并分析其中的生产要素。例如,假设产出是"在地上挖洞",那么生产函数就是:

$$Y = AF(L,K,H,N)$$

式中,Y 是挖的洞数,A 是技术知识,L 是劳动,K 是物质资本,H 是人力资本,N 是自然资源。如果我们有更多的工人,则 L 与 Y 就都增加。如果我们有更多的铁锹,则 K 和 Y 就都增加。如果工人受过教育,以至于他们中更多的人用锹铲挖洞而不是用锹把挖洞,则 H 和 Y 就都增加(注意,工人数量和铁锹数量未变)。如果我们国家有更为松软的土地,以至于挖洞更容易,即 N 越大,则 Y 就越大。最后,如果我们发现,在下雨后挖洞比在干旱时挖洞生产率更高,那么 A 增加,Y 也应该增加。

25.1.3 术语与定义

为每个关键术语选择一个定义。

关键术语	定 义
_____人均真实 GDP	1. 工人通过教育、培训和经验而获得的知识和技能。
_____增长率	2. 由外国人拥有并经营的资本投资。
_____生产率	3. 生产的投入与产出之间的关系。
_____物质资本	4. 我们可以同时使用而不减少其他人利益的物品。
_____生产要素	5. 人们控制其资源的能力。
_____人力资本	6. 经济中平均每个人可以得到的物品与服务量。
_____自然资源	7. 用于生产的设备与建筑物存量。
_____可再生资源	8. 随着一种投入等量地增加到生产中,每一单位投入所带来的产量增加逐渐减少。
_____不可再生资源	9. 所有投入翻一番,产出也翻一番的生产过程。
_____技术知识	10. 可以再生的自然资源。
_____生产函数	11. 为保护国内不成熟的行业免受外国竞争而限制国际贸易。
_____规模收益不变	12. 减少国际贸易限制的政策。
_____收益递减	13. 贫困国家的经济增长通常比富裕国家更快。
_____追赶效应	14. 产出每年变动的百分比。
_____外国直接投资	15. 生产中的投入,例如劳动、资本及自然资源。
_____外国有价证券投资	16. 供给有限的自然资源。
_____外部性	17. 一个人的行为对旁观者福利的影响。
_____产权	18. 增加国际贸易限制的政策。
_____幼稚产业论	19. 社会关于生产物品与服务的最好方法的知识。

_____内向型政策　　　　　20. 每单位劳动投入可以生产的物品与服务量。

_____外向型政策　　　　　21. 自然界提供的生产投入品。

_____公共物品　　　　　　22. 由外国人筹资但由本国居民经营的资本投资。

25.2　应用题与简答题

25.2.1　应用题

1.

国家	当期人均真实 GDP（美元）	当期增长率（%）
北方国	15 468	1. 98
南方国	13 690	2. 03
东方国	6 343	3. 12
西方国	1 098	0. 61

a. 哪个国家最富有？你是怎么知道的？

b. 哪个国家增长最快？你是怎么知道的？

c. 哪个国家可能会从增加的资本投资中获益最大？为什么？

d. 接问题 c：这个国家能永远从资本投资增加中持续得到同样程度的利益吗？为什么？

e. 接问题 d：为什么人力资本投资和研究与开发投资没有表现出与物质资本投资同样程度的收益递减？

f. 哪一个国家有最快的增长潜力？列出一些可能使其无法发挥其潜力的原因。

g. 如果下一年北方国的人均真实 GDP 是 15 918 美元，那么它的年增长率是多少？

2. 设想一个厨房。在这个厨房里有一个厨师、厨师的证书、一本菜谱、一个炉灶和其他器具，以及从野外猎到的野味。

a. 把厨房里的每种东西和生产要素的某个类别联系起来。

b. 不同的生产要素表现出不同的耐用程度，哪一种生产要素因为不损耗而显得特殊？

3. a. 列出政府为了促进其公民生产率的提高可以采用的政策。

b. 至少有哪一种政策作为其他政策可以发挥作用的基础是必不可少的？为什么？

c. 人口增长促进还是抑制了生产率增长？解释原因。

25.2.2　简答题

1. 经济学家既衡量人均真实 GDP 的水平，又衡量人均真实 GDP 的增长率。两种统计数字中衡量了什么不同的概念？

2. 穷国必定永远相对贫穷，富国必定永远相对富裕吗？为什么？

3. 什么因素决定生产率？哪些是人生产的？

4. 人力资本与物质资本有什么不同？

5. 解释投资于资本的机会成本。投资于人力资本的机会成本和投资于物质资本的机会成本有什么差别吗？

6. 为什么储蓄率和投资的增加只是暂时提高了增长率？

7. 如果外国人购买了新发行的福特汽车公司的股票,福特汽车公司用得到的钱通过建立新工厂和购买设备来扩大生产能力,这使得在未来 GDP 增加得多还是 GNP 增加得多? 为什么? 我们是如何称呼这类投资的?

8. 一些经济学家支持延长专利保护期限,而另一些经济学家支持缩短专利保护期限。那么,为什么专利可能提高生产率? 为什么专利可能降低生产率?

25.3 自我测试题

25.3.1 判断正误题

_____ 1. 美国的经济增长速度应该比日本快,因为美国的经济规模更大。

_____ 2. 自然资源价格上升的证据证明,不可再生资源将变得如此稀缺,以致经济增长将受到限制。

_____ 3. 经济增长率也许被低估了。

_____ 4. 人力资本是指与河流和森林这类自然资本相对的人造的资本,例如工具和机器。

_____ 5. 如果生产函数表现出规模收益不变,那么所有投入翻一番,产量也将翻一番。

_____ 6. 在极贫穷的国家,给送孩子上学的父母补助既可以增加贫穷孩子的教育,又可以减少童工的雇用。

_____ 7. 资本增加所引起的穷国经济增长率的提高要高于富国。

_____ 8. 储蓄和投资率的增加可以长期地提高一国的经济增长率。

_____ 9. 一国只能通过增加其储蓄来增加其投资水平。

_____ 10. 唯一不是"生产出来"的生产要素,就是自然资源。

_____ 11. 投资于人力资本和技术会带来非常高的生产率,因为有正的溢出效应。

_____ 12. 如果德国人在美国投资兴建了一个新的梅塞德斯工厂,那么在未来,美国 GDP 的增加将大于美国 GNP 的增加。

_____ 13. 大多数经济学家认为,保护幼稚产业的内向型政策提高了发展中国家的经济增长率。

_____ 14. 经济证据支持托马斯·马尔萨斯关于人口增长和食物供给对生活水平影响的预言。

_____ 15. 经济增长所带来的机会成本是有人必须放弃当期消费。

25.3.2 单项选择题

1. 一个国家生活水平合理的衡量指标是_____。
   a. 人均真实 GDP
   b. 真实 GDP
   c. 人均名义 GDP
   d. 名义 GDP
   e. 人均名义 GDP 增长率

2. 巴西、日本和中国的发展极为迅速是因为_____。
   a. 它们有大量自然资源
   b. 它们是帝国主义者,并从以前的战争胜利中攫取了财富

c. 它们的储蓄和投资在 GDP 中的占比较高

d. 它们一直富有，而且将继续富有，这就是所谓的"雪球效应"

3. 当一国人均 GDP 极低时，_____。

　　a. 它注定要永远相对贫穷下去

　　b. 它必定是一个小国

　　c. 由于"追赶效应"，它有较迅速增长的潜力

　　d. 资本增加对产量的影响微乎其微

　　e. 以上各项都不是

4. 一旦一国富裕了，_____。

　　a. 它就几乎不可能变得相对贫穷

　　b. 由于资本的收益递减，它要迅速增长就较为困难

　　c. 由于"追赶效应"，资本所带来的生产率会变得更高

　　d. 它不再需要任何人力资本

　　e. 以上各项都不是

5. 增长的机会成本是_____。

　　a. 现期投资减少

　　b. 现期储蓄减少

　　c. 现期消费减少

　　d. 税收减少

6. 对一种既定的技术水平而言，我们可以预期在一个国家内当以下每一项增加时劳动生产率会提高，除了_____。

　　a. 人均人力资本

　　b. 人均物质资本

　　c. 人均自然资源

　　d. 劳动

7. 以下哪一项表述是正确的？

　　a. 各国的人均 GDP 水平不同，但它们都以同样的比率增长

　　b. 各国可能有不同的增长率，但它们都有相同的人均 GDP 水平

　　c. 各国都有相同的增长率和产量水平，因为任何一个国家都可以得到相同的生产要素

d. 各国的人均 GDP 水平和增长率都有极大差别，因此，穷国在经过一段时期后可以变得相对富裕

8. 如果生产函数表现出规模收益不变，那么所有的投入翻一番，_____。

　　a. 对产量完全没有影响，因为产量是不变的

　　b. 产量也将翻一番

　　c. 由于追赶效应，产量的增长会超过翻一番的水平

　　d. 由于收益递减，产量的增长会小于翻一番的水平

9. 铜是_____的例子。

　　a. 人力资本

　　b. 物质资本

　　c. 可再生资源

　　d. 不可再生资源

　　e. 技术

10. 以下哪一项关于人口增长对生产率影响的表述是正确的？

　　a. 还没有证据表明快速的人口增长会使自然资源达到限制生产率增长的一点上

　　b. 快速的人口增长会稀释资本存量，降低生产率

　　c. 快速的人口增长会促进技术进步，提高生产率

　　d. 以上各项都对

11. 托马斯·马尔萨斯认为_____。

　　a. 技术进步一直在引起生产率和生活水平提高

　　b. 劳动是唯一真正的生产要素

　　c. 持续的人口增长只受到食物供给的限制，结果引起长期饥荒

　　d. 私人慈善事业和政府资助将提高穷人的福利

　　e. 以上各项都不是

12. Madelyn 去上大学并在大学期间阅读了很多书籍。她的教育提高了下列哪一类生产要素？

a. 人力资本

b. 物质资本

c. 自然资源

d. 技术

e. 以上各项都增加

13. 以下哪一项描述了技术知识的增加？

a. 农民发现春天种植比秋天种植更好

b. 农民又买了一辆拖拉机

c. 农民又雇用了一个日工

d. 农民把他的孩子送到农学院上学，而且，孩子回来在农场工作

14. 我们的生活水平与以下哪一项的关系最密切？

a. 我们工作努力的程度

b. 我们的资本供给，因为每一种有价值的东西都是用机器生产的

c. 我们的自然资源供给，因为它们限制了生产

d. 我们的生产率，因为我们的收入等于我们所生产的

15. 以下哪一项是外国有价证券投资的例子？

a. 一个出生在德国、现在已移民的美国公民购买了福特公司的股票，福特公司用得到的钱购买了一个新工厂

b. 丰田公司在田纳西州建了一个新工厂

c. 丰田公司购买福特公司的股票，福特公司用得到的钱在密歇根州建了一个新工厂

d. 福特公司在密歇根州建了一个新工厂

e. 以上各项都不是

16. 以下哪一项政府政策提高非洲经济增长率的可能性最小？

a. 增加对公共教育的支出

b. 提高对日本汽车和电器进口的

限制

c. 消除内战

d. 减少对外国资本投资的限制

e. 以上各项都会提高增长率

17. 如果马自达公司在伊利诺伊州建立了一个新工厂，那么_____。

a. 未来美国 GDP 的增加将大于美国 GNP 的增加

b. 未来美国 GDP 的增加将小于美国 GNP 的增加

c. 未来美国 GDP 和 GNP 都会减少，因为这种投资的一部分收入归外国人

d. 美国的外国有价证券投资增加了

e. 以上各项都不是

18. 如果 2015 年的人均真实 GDP 是 18 073 美元，而 2016 年的人均真实 GDP 是 18 635 美元，那么这个时期真实产出的增长率是多少？

a. 3.0%

b. 3.1%

c. 5.62%

d. 18.0%

e. 18.6%

19. 以下哪一项提高生产率的支出最可能有正外部性？

a. 兆丰银行购买了一台新电脑

b. Susan 支付了她的大学学费

c. 埃克森公司出让了一个新油田

d. 通用汽车公司购买了一个新钻床

20. 为了提高增长率，政府应该做以下所有的事，除了_____。

a. 促进自由贸易

b. 鼓励储蓄和投资

c. 鼓励外国人到你的国家投资

d. 鼓励研究与开发

e. 把主要行业国有化

25.4 进阶思考题

你正与其他"千禧一代"的人进行讨论。当比较美国与日本、韩国、中国和新加坡这些亚洲国家的时候,争论的焦点就会变为认为美国缺乏增长和机会。你的室友说:"这些亚洲国家必定存在某种弄虚作假。这是它们有可能发展这么快的唯一方法。"

1. 你在这一章学到了什么内容使你怀疑你室友的论断吗?
2. 自从第二次世界大战以来,日本的高增长率被称为"日本奇迹"。这是一个奇迹,还是可以解释的?
3. 这些亚洲国家的高增长率都是没有成本的吗?

习 题 答 案

25.1.3 术语与定义

6	人均真实 GDP	9	规模收益不变
14	增长率	8	收益递减
20	生产率	13	追赶效应
7	物质资本	2	外国直接投资
15	生产要素	22	外国有价证券投资
1	人力资本	17	外部性
21	自然资源	5	产权
10	可再生资源	11	幼稚产业论
16	不可再生资源	18	内向型政策
19	技术知识	12	外向型政策
3	生产函数	4	公共物品

25.2.1 应用题

1. a. 北方国,因为它的人均真实 GDP 最高。
   b. 东方国,因为它的增长率最高。
   c. 西方国,因为它是最穷的,可能也是资本最少的。由于资本表现出收益递减,当资本相对缺乏时,它的生产率是最高的。
   d. 不能。因为资本收益递减,所以,随着一国资本增加,增加的资本所引起的经济的额外增长下降。
   e. 因为人力资本有正外部性。在扩散之后,研究与开发是公共物品。
   f. 西方国,因为它现在是最穷的,而且易于从增加的资本中受益。这可能与贸易限制(内向型政策)、腐败或不稳定的政府、法院系统薄弱以及产权制度缺失等有关。
   g. (15 918 美元 − 15 468 美元)/15 468 美元 = 0.029 = 2.9%。
2. a. 厨师 = 劳动,证书 = 人力资本,菜谱 = 技术知识,炉灶和器具 = 资本,野味 = 自然資源。

    b. 菜谱(技术知识)永远不会损耗。劳动和人力资本会消失,炉灶和器具会缓慢地折旧,野味会用完(尽管它也许是可再生的)。

3. a. 鼓励储蓄和投资,鼓励来自国外的投资,鼓励教育,改善健康和营养水平,鼓励自由贸易,鼓励研究与开发,保护产权并确保政治稳定。

    b. 产权和政治稳定是对储蓄、投资、贸易或教育的任何一种激励所必要的。

    c. 答案是不确定的。快速的人口增长会通过把自然资源分配到更多人身上以及稀释资本存量而降低生产率。但是,有证据表明,人口多的地区倾向于发生更多的技术进步。

25.2.2 简答题

1. 人均真实 GDP 水平衡量生活水平。增长率衡量生活水平提高的速度。

2. 不对。由于各国增长率差别很大,富国可以变得相对贫穷,穷国也可以变得相对富裕。

3. 每个工人的人均物质资本、人均人力资本、人均自然资源以及技术知识。除自然资源外的所有一切。

4. 人力资本是一个工人的知识和技能。物质资本是设备和建筑物的存量。

5. 有人必须放弃当期消费。没有差别,无论教育或机器是否用储蓄购买,总有人一定储蓄而不消费。

6. 因为物质资本的收益递减。

7. GDP。GNP 只衡量美国人的收入,而 GDP 衡量在美国国内产生的收入。由于一些资本投资的利润以红利形式归外国人所有,因此,GDP 的增长比 GNP 快。外国有价证券投资。

8. 专利赋予想法(idea)以产权,因此,人们愿意投资于研究和开发,因为研究和开发更有利可图。一旦信息扩散,研究与开发就会成为公共物品,专利则限制了这种公共使用。

25.3.1 判断正误题

1. 错误;经济增长速度取决于劳动生产率的增长率。

2. 错误;根据通货膨胀调整的自然资源的价格是稳定或下降的,因此,我们保护这些资源的能力的增长快于它们的供给的减少。

3. 正确。

4. 错误;人力资本是工人的知识和技能。

5. 正确。

6. 正确。

7. 正确。

8. 错误;由于资本的收益递减,增长率的上升是暂时的。

9. 错误;它还可以吸引外国投资。

10. 正确。

11. 正确。

12. 正确。

13. 错误;大多数经济学家认为,外向型政策促进了经济增长。

14. 错误;马尔萨斯低估了食物生产方面的技术进步。因此,人们并不会注定要勉强糊口地生活。   15. 正确。

25.3.2 单项选择题

1. a   2. c   3. c   4. b   5. c   6. d   7. d   8. b   9. d   10. d
11. c   12. a   13. a   14. d   15. c   16. b   17. a   18. b   19. b   20. e

25.4 进阶思考题

1. 是的。存在许多经济增长源泉,一个国家可以影响除自然资源外的所有其他源泉。
2. 日本的经济增长是可以解释的。事实上,所有高增长的亚洲国家的投资在 GDP 中的占比都非常高。
3. 不是。投资的机会成本是某人为了储蓄和投资而必须放弃的当期消费。

第 26 章
储蓄、投资和金融体系

目　标

在本章中你将

- 了解美国经济中一些重要的金融机构
- 考虑金融体系如何与关键的宏观经济变量相关
- 建立一个金融市场上可贷资金供求模型
- 用可贷资金模型分析各种政府政策
- 考虑政府预算赤字是如何影响美国经济的

效　果

在实现这些目标之后，你应该能

- 列出并描述四种重要的金融机构
- 描述国民储蓄、政府赤字和投资之间的关系
- 解释可贷资金供给与需求曲线的斜率
- 根据对利息或投资的税收的变动来移动可贷资金市场的供给与需求曲线
- 根据政府预算赤字的变动来移动可贷资金市场的供给与需求曲线

26.1 本章概述

26.1.1 本章复习

一些人把他们的一部分收入储蓄起来,从而有了可以用于贷款的资金。一些人希望投资于资本设备,从而需要借钱。**金融体系**由帮助匹配或平衡储蓄者贷出与投资者借入的机构组成。金融体系很重要,因为资本投资可以促进经济增长。

1. 美国经济中的金融机构

金融体系由使债务人和债权人相匹配的金融机构组成。金融机构可以分为两类:金融市场和金融中介。

金融市场使企业可以直接地向希望贷出的人借款。两种最重要的金融市场是债券市场和股票市场。

● 债券市场使大量借款人可以直接向公众借款。借款人出售**债券**(债务凭证或借据),并规定到期日(偿还贷款的日期)、定期支付的利息额以及本金(借款额,即到期偿还额)。债券的买者是贷款人。

不同债券的区别主要体现在三个方面:

(1)债券期限(到期时间)不同。债券期限越长,风险越大,从而通常要支付越高的利息,因为债券所有者会在到期之前以压低的价格出售它。

(2)债券的信用风险(违约的可能性)不同。债券的风险越高,支付的利息越高。垃圾债券是风险特别高的债券。

(3)债券的税收待遇不同。持有市政债券(由州或地方政府发行的债券)的人得到的利息免税。因此,市政债券支付的利息较低。

● 股票市场使大企业可以通过增加"合伙人"或企业所有者而为扩张筹资。出售**股票**来筹集资金称为权益融资,而出售债券来筹集资金称为债务融资。股票的所有者分享企业的利润并承担企业的亏损,而债券的所有者获得作为债权人的固定利息支付。股票持有人承担的风险大于债券持有人,但潜在的收益高于债券持有人。股票没有到期日,可以在证券交易所(如纽约证券交易所和纳斯达克)交易。股票价格由供求决定,并反映了人们对企业未来盈利性的预期。股票指数,例如,道·琼斯工业平均指数,是一组重要股票价格的平均值。

金融中介是储蓄者(贷款人)可以借以间接地向借款者提供资金的金融机构。这就是说,金融中介是借款人和贷款人之间的"中间人"。两种最重要的金融中介机构是银行和共同基金。

● **银行**从人们和企业(储蓄者)吸收存款,并把这些存款贷给其他人和企业(借款者)。银行向储蓄者支付利息,并向借款者收取略高的利率。小企业通常向银行借款,因为它们的规模太小了,不能出售股票或债券。当银行接受存款时,它创造了**交换媒介**,因为个人可以根据存款开支票或使用借记卡来进行交易。其他金融中介机构只为储户提供价值储藏手段,因为它们的储蓄是不流动的。

● **共同基金**是向公众出售股份并用得到的钱来购买一组股票或债券的机构。这就使小储户可以把自己的投资组合多元化(拥有各种资产)。它也使小储户可以获得专业的资金管理。但是,很少有资金管理者可以战胜指数基金。指数基金按股票指数购买所有股票而不借助于积极的管理。指数基金胜过积极管理资金有两个原因：第一，很难挑出价格将会上升的股票，因为一种股票的市场价格已经是该公司真实价值的良好反映；第二，指数基金由于很少买卖，并且不向专业资金管理者支付薪水而压低了成本。

虽然这些金融机构之间有许多差别，但非常一致的是，它们都使贷款人的资源流向借款人。

2. 国民收入账户中的储蓄与投资

为了切实地评价金融体系在使储蓄变为投资中的作用，我们必须从宏观经济的角度来理解储蓄和投资。国民收入账户记录了收入、产出、储蓄、投资、支出、税收和其他项目之间的关系。国民收入恒等式揭示了这些变量之间的关系。

回想一下，GDP 是产值、生产它赚到的收入值，以及生产它所用的支出值。因此，

$$Y = C + I + G + NX$$

式中，Y = GDP；C = 消费支出；I = 投资支出；G = 政府购买；NX = 净出口。为了简单起见，我们假设没有国际贸易，这意味着我们的经济是一个**封闭经济**（一个开放经济中存在国际贸易）。因此有：

$$Y = C + I + G$$

国民储蓄或储蓄是用于消费和政府购买之后剩下的收入。为了得出储蓄，从等式两边减去 C 和 G，得到：

$$Y - C - G = I$$

或者

$$S = I$$

这就是说，储蓄等于**投资**。

为了评价政府购买和税收对储蓄的影响，我们需要像以上那样定义储蓄：

$$S = Y - C - G$$

这又说明了储蓄是在扣除消费和政府购买之后剩下的收入。现在从等式右边加上和减去税收 T：

$$S = (Y - T - C) + (T - G)$$

这说明，储蓄等于支付税收和消费之后剩下的收入，即**私人储蓄**（$Y - T - C$），以及政府**预算盈余**，即**公共储蓄**（$T - G$）。通常 G 大于 T，也就是说，政府通常有负的盈余或**预算赤字**。

总之，对整个经济而言有 $S = I$，而且，可用于投资的储蓄量是私人储蓄和公共储蓄之和。虽然对整个经济而言有 $S = I$，但对个人而言这并不正确。这就是说，一些人的投资小于储蓄，并有资金贷出；而另一些人的投资大于储蓄，并需要借入资金。这些人在**可贷资金市场**上相遇。要注意的是，储蓄是支付消费和政府购买后剩下的收入，而投资是对新资本的购买。

3. 可贷资金市场

为了简单起见，我们设想只有一个可贷资金市场，所有储蓄者把他们的资金在该市场上贷出，而所有投资者从该市场上借款。

● **可贷资金供给**来自国民储蓄。真实利率的上升会增加对储蓄的激励，并增加可贷资金的供给量。

● **可贷资金需求**来自希望借钱投资的家庭和企业。真实利率的上升会增加借款的成本，并减少可贷资金的需求量。

可贷资金的供给和需求共同形成了可贷资金市场。这个市场决定了均衡的真实利率和均衡的借贷量。由于可以贷出的资金是国民储蓄，借来的资金用于投资，因此可贷资金市场

也决定了均衡的储蓄与投资水平。

以下三种政策增加了储蓄、投资和资本积累,从而促进了经济增长。

在任何一种真实利率水平下,减少对利息和红利的税收会增加储蓄的收益,从而增加人们储蓄和贷出资金的意愿。从图形上看,这种政策将使可贷资金的供给曲线向右移动,从而降低真实利率,并增加用于投资的资金需求量。真实利率下降,而储蓄与投资增加。

减少投资税收,例如投资税收减免,在任何一种真实利率水平下,会增加资本投资的收益,从而增加人们在任何一种真实利率水平下进行借款与投资的意愿。从图形上看,这种政策将使可贷资金的需求曲线向右移动,提高真实利率,并增加资金供给量。真实利率、储蓄和投资都增加。

政府债务和赤字减少(或者预算盈余增加)会增加公共储蓄($T-G$),因此,在每一种真实利率水平下可以得到的国民储蓄更多。从图形上看,这种政策使可贷资金的供给曲线向右移动,降低真实利率,并增加用于投资的可贷资金需求量。真实利率下降,储蓄和投资增加。

要注意的是,预算赤字是政府支出超过税收收入的部分。过去政府借款的积累称为**政府债务**。预算盈余是税收收入超过政府支出的部分。当政府支出等于税收收入时,称为预算平衡。赤字增加减少了国民储蓄,使可贷资金的供给曲线向左移动,使真实利率上升,并使用于投资的可贷资金需求量减少。当私人借款与投资由于政府借款而减少时,我们称政府**挤出**了投资。政府预算盈余的作用与预算赤字正好相反。

债务-GDP 比率在战争期间通常会上升,这被认为是适当的。但是在 20 世纪 80 年代,美国的这个比率却上升了。民主党和共和党的决策者都把这视为一种警告,于是在 90 年代,赤字减少,盈余增加。在乔治·W. 布什担任总统期间,由于以下一些原因预算又出现了赤字:税收削减、经济衰退、国家安全支出,以及伊拉克和阿富汗战争。债务-GDP 比率由于 2008 年开始的金融危机出现了剧烈上升。

在 2008 年和 2009 年里,美国所经历的金融危机主要表现在以下几个方面:(1) 房地产价格下降;(2) 金融机构破产;(3) 对金融机构信心的下降引发了人们转移那些不被保险覆盖的存款,并导致金融机构降低价格出售其资产;(4) 信贷紧缩;(5) 经济衰退和整体产出需求减少;(6) 公司利润减少导致资产价值减少,进而反馈到(1)。

26.1.2 有益的提示

(1) 金融中介是"中间人"。中介是介于两个群体之间的机构或人,以通过协商解决问题。例如,我们在劳动谈判中有介于企业和工会之间的中介机构。同样,银行是在最终贷款人(储蓄者)和最终借款人(企业或家庭购房者)之间的金融中介机构,对贷款合同条款进行"协商"。银行不是借出自己的钱,它们借出的是储蓄者的钱。

(2) 投资不是购买股票和债券。在日常谈话中,人们常用"投资"这个词指购买股票和债券。例如,"我刚投资了 10 股 IBM 股票"。(甚至经济学家也会这样说。)但是,用经济学术语来说,投资是指实际购买资本设备和建筑物。在这种技术性框架下,当我购买了 10 股新发行的 IBM 股票时,只是一种资产的交换——IBM 公司拥有了我的钱,而我拥有了它的股票凭证。如果 IBM 公司用我的钱来购买新的机器设备,这种购买才是经济学意义上的投资。

(3) 不要把消费贷款包括在可贷资金供给之中。在日常谈话中,人们用"储蓄"这个词指他们在银行的新存款。例如,"我本周刚刚储蓄了 100 美元"。(甚至经济学家也会这样说。)但是,如果存款贷给了用这笔钱买度假机票的消费者,在宏观经济的意义上,国民储蓄(或者储蓄)并没有增加。这是因为,在宏观经济的意义上,储蓄是在用于国民消费支出和政府购买以后剩下的收入($S = Y - C - G$)。如果你个人的储蓄由另一个人贷走并用于消费支出,那么国民储蓄并没有发生变化。由于国民储蓄是可贷资金供给的来源,因此,消费贷款并不影响可贷资金供给。

(4)可贷资金需求是私人投资资金需求。可贷资金需求只包括私人(家庭和企业)对用于投资建筑物和设备的资金的需求。当政府有赤字时,它吸收国民储蓄,但它并不用这种资金购买资本设备。因此,当政府有赤字时,我们认为这是可贷资金供给的减少,而不是可贷资金需求的增加。

26.1.3 术语与定义

为每个关键术语选择一个定义。

关键术语	定义
_____金融体系	1. 支票存款之类的可支出资产。
_____金融市场	2. 税收收入小于政府支出,引起公共储蓄为负。
_____金融中介	3. 一个没有国际贸易的经济。
_____银行	4. 储蓄者可以借以间接地向借款人提供资金的金融机构。
_____交换媒介	5. 经济中帮助借款人与贷款人相匹配的机构。
_____债券	6. 在每种真实利率水平下想为投资而借款的数量。
_____股票	7. 家庭在支付了消费支出和税收之后剩下的收入。
_____共同基金	8. 过去预算赤字的积累。
_____封闭经济	9. 在每种真实利率水平下可用于贷款的储蓄量。
_____国民储蓄(储蓄)	10. 吸收存款并发放贷款的机构。
_____私人储蓄	11. 向公众出售股份并用收入购买多元化投资组合的机构。
_____公共储蓄	12. 储蓄者可以借以直接地向借款人提供资金的金融机构。
_____预算盈余	13. 代表企业部分所有权的证书。
_____预算赤字	14. 税收收入大于政府支出,引起公共储蓄为正。
_____政府债务	15. 在用于消费支出和政府购买之后剩下的收入。
_____投资	16. 政府借款引起的投资减少。
_____可贷资金市场	17. 用于资本设备和建筑物的支出。
_____可贷资金需求	18. 债务凭证或借据。
_____可贷资金供给	19. 一个市场,其中有通过储蓄供给资金的人和通过借款来投资即有资金需求的人。
_____挤出	20. 政府在支付其支出后剩下的税收收入。

26.2 应用题与简答题

26.2.1 应用题

1. 皮包公司需要资本金扩大自己的生产能力。它正出售短期和长期债券并发行股票。你正在考虑帮助其扩张投资的前景。

   a. 如果你购买了皮包公司的短期债券和长期债券,那么你会对哪种债券要求较高收益率:短期的还是长期的? 为什么?

   b. 如果标准普尔降低了皮包公司的信用等级,在你购买它的债券时,这会影响你要求的收益率吗? 为什么?

   c. 如果皮包公司和 Deadbeat 市恰好有同样的信用等级,而且前者发行的公司债券和后者发行的市政债券具有相同期限,哪一个发行者必须对它的债券支付更高利率? 为什么?

   d. 如果皮包公司既发行股票又发行债券,那么你预期长期中是股票还是债券可以获得较高的收益率? 为什么?

   e. 哪一种风险更低:是把你所有的个人储蓄投入皮包公司股票,还是把你所有的个人储蓄投入其投资组合中有一些皮包公司股票的共同基金呢? 为什么?

2. 用国民收入账户中储蓄与投资的恒等式回答以下问题。假设以下数值来自一个封闭经济国家的国民收入账户(所有数值都是以 10 亿美元计量)。

$$Y = 6\,000$$
$$T = 1\,000$$
$$C = 4\,000$$
$$G = 1\,200$$

   a. 这个国家的储蓄和投资的值是多少?

   b. 私人储蓄的值是多少?

   c. 公共储蓄的值是多少?

   d. 政府的预算政策对该国的经济增长是有利的还是有害的? 为什么?

3. 以下信息描述了一个可贷资金市场(数值都是以 10 亿美元计量)。

真实利率(%)	可贷资金供给量(10 亿美元)	可贷资金需求量(10 亿美元)
6	1 300	700
5	1 200	800
4	1 000	1 000
3	800	1 200
2	600	1 500

   a. 在图 26-1 中画出可贷资金的供给与需求。均衡的真实利率和均衡的储蓄与投资水平是多少?

   b. 究竟是何种"市场力量"使真实利率不能等于 2%?

c. 假设政府突然增加了 4 000 亿美元的预算赤字,那么新的均衡真实利率和均衡储蓄与投资水平是多少?(在图 26-2 中用图形说明。)

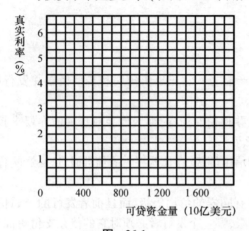

图　26-1　　　　　　　　　图　26-2

d. 从原来的均衡出发,假设政府实行投资税收减免,这在任何一种真实利率水平下都会使对资本投资的可贷资金需求增加 4 000 亿美元,那么新的均衡真实利率和均衡储蓄与投资水平是多少?(在图 26-3 中用图形说明。)

e. 根据 c 和 d,哪一种政策最可能促进经济增长?为什么?

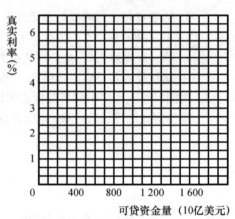

图　26-3

26.2.2　简答题

1. 解释为什么共同基金的风险会小于单个股票。

2. 下面哪一项可能给你更高的收益率:是银行的支票存款,还是购买公司债券?为什么?

3. 债务融资和权益融资之间的差别是什么?

4. 在国民收入账户中,"储蓄"和"投资"这两个词是指什么?它们与平常这两个词的用法有什么不同?

5. 在一个封闭经济中,为什么投资无法超过储蓄呢?

6. 什么是私人储蓄?什么是公共储蓄?

7. 根据国民收入恒等式,如果政府购买增加,并且产出、税收和消费保持不变,那么国民储蓄、投资和经济增长会发生什么变动?

8. 假设美国人变得更加节俭。这就是说,他们收入中用于消费的百分比下降,用于储蓄的百分比上升。描述可贷资金市场的变动。经济增长会发生什么变动?

9. 假设政府的赤字减少,描述可贷资金市场的变动。经济增长会发生什么变动?

10. 政府预算赤字的增加迫使政府借更多的钱。为什么赤字增加没有增加可贷资金市场上对可贷资金的需求？

11. 金融市场和金融中介之间的基本差别是什么？

26.3 自我测试题

26.3.1 判断正误题

_____ 1. 当一个企业出售债券时,它是在进行权益融资。

_____ 2. 那些购买企业股票的人把钱贷给了企业。

_____ 3. 共同基金通过购买多元化的投资组合,减少了持有者的风险。

_____ 4. 市政债券支付的利息低于有类似风险的公司债券,因为其债券持有者得到的利息免税。

_____ 5. 在一个封闭经济中,储蓄是用于消费支出和政府购买后所剩下的收入。

_____ 6. 2008 年和 2009 年的金融危机始于经济的严重下滑以及对产出的总需求下降。

_____ 7. 在一个封闭经济中,无论储蓄来自公共还是私人,投资总是等于储蓄。

_____ 8. 投资是指资本设备和建筑物的购买。

_____ 9. 如果你在本周存了钱,并把它借给你的室友买消费用的食物,那么你的个人储蓄行为增加了国民储蓄。

_____ 10. 如果真实利率上升,那么可贷资金的供给量就增大。

_____ 11. 如果可贷资金市场上的真实利率暂时高于均衡利率,那么想借到的款就大于想贷出去的款,真实利率将下降。

_____ 12. 预算赤字减少使可贷资金供给曲线向右移动,会降低真实利率,并增加可贷资金的需求量。

_____ 13. 公共储蓄和政府预算盈余是一回事。

_____ 14. 如果政府想提高增长率,它就应该增加对利息和红利的税收,以使可贷资金的供给曲线向右移动。

_____ 15. 引起政府增加借款的预算赤字的增加使可贷资金需求曲线向右移动。

26.3.2 单项选择题

1. 下面哪一项是权益融资的例子？
   a. 公司债券
   b. 市政债券
   c. 股票
   d. 银行贷款
   e. 以上各项都是

2. 信用风险是指债券的_____。
   a. 到期日
   b. 违约的可能性

   c. 税收
   d. 红利
   e. 市盈率

3. 金融中介是以下哪两者的"中间人"？
   a. 工会与企业
   b. 丈夫与妻子
   c. 买者与卖者
   d. 借款人与贷款人

4. 国民储蓄(或者储蓄)等于_____。
   a. 私人储蓄 + 公共储蓄
   b. 投资 + 消费支出
   c. GDP − 政府购买
   d. GDP + 消费支出 + 政府购买
   e. 以上各项都不是

5. 以下哪一项表述是正确的?
   a. 股票指数是用来确定所选股票信息的指南
   b. 长期债券支付的利息通常低于短期债券
   c. 市政债券支付的利息低于具有类似风险的公司债券
   d. 共同基金的风险大于只购买一种股票的风险,因为许多不同企业的业绩都会影响共同基金的收益

6. 如果政府支出大于税收收入,那么_____。
   a. 存在预算盈余
   b. 存在预算赤字
   c. 私人储蓄是正的
   d. 公共储蓄是正的
   e. 以上各项都不是

7. 如果 GDP = 1 000 美元,消费 = 600 美元,税收 = 100 美元,政府购买 = 200 美元,那么储蓄和投资是多少?
   a. 储蓄 = 200 美元,投资 = 200 美元
   b. 储蓄 = 300 美元,投资 = 300 美元
   c. 储蓄 = 100 美元,投资 = 200 美元
   d. 储蓄 = 200 美元,投资 = 100 美元
   e. 储蓄 = 0 美元,投资 = 0 美元

8. 如果公众少消费 1 000 亿美元,政府多购买 1 000 亿美元(其他条件不变),以下哪一种表述是正确的?
   a. 储蓄增加,经济增长会更快
   b. 储蓄减少,经济增长会放慢
   c. 储蓄不变
   d. 没有充分的信息确定储蓄会发生什么变动

9. 在以下哪一个金融市场上,证券可能

支付最高的利息?
   a. 得克萨斯州发行的市政债券
   b. 投资绩优债券组合的共同基金
   c. 绩优公司发行的债券
   d. 刚成立的公司发行的债券

10. 投资是指_____。
   a. 购买股票和债券
   b. 购买资本设备和建筑物
   c. 把储蓄存入银行
   d. 购买物品和服务

11. 如果美国人变得更加节俭,那么我们将预期_____。
   a. 可贷资金供给增加,真实利率上升
   b. 可贷资金供给增加,真实利率下降
   c. 可贷资金需求增加,真实利率上升
   d. 可贷资金需求增加,真实利率下降

12. 以下哪一组政府政策最有利于经济增长?
   a. 降低对储蓄收益的税收,实行投资税收减免,并减少赤字。
   b. 降低对储蓄收益的税收,实行投资税收减免,并增加赤字。
   c. 提高对储蓄收益的税收,实行投资税收减免,并减少赤字。
   d. 提高对储蓄收益的税收,实行投资税收减免,并增加赤字。

13. 引起政府增加其借款的预算赤字增加使_____。
   a. 可贷资金需求曲线向右移动
   b. 可贷资金需求曲线向左移动
   c. 可贷资金供给曲线向右移动
   d. 可贷资金供给曲线向左移动

14. 预算赤字增加将使_____。
   a. 真实利率上升,用于投资的可贷资金需求量减少
   b. 真实利率上升,用于投资的可贷

资金需求量增加

c. 真实利率下降,用于投资的可贷资金需求量增加

d. 真实利率下降,用于投资的可贷资金需求量减少

15. 如果可贷资金的供给非常缺乏弹性(供给曲线非常陡峭),那么哪一种政策可能使储蓄和投资增加最多?

a. 投资税收减免

b. 预算赤字减少

c. 预算赤字增加

d. 以上各项都不是

16. 预算赤字增加是指_____。

a. 公共储蓄减少

b. 公共储蓄增加

c. 私人储蓄减少

d. 私人储蓄增加

e. 以上各项都不是

17. 如果预算赤字的增加使国民储蓄和投资减少,我们就证明了以下哪一项?

a. 权益融资

b. 共同基金效应

c. 中介

d. 挤出

18. 如果美国人变得不太关心未来,并在每一种真实利率水平下减少储蓄,那么_____。

a. 真实利率下降,而投资减少

b. 真实利率下降,而投资增加

c. 真实利率上升,而投资减少

d. 真实利率上升,而投资增加

19. 如果政府既增加投资税收减免又减少对储蓄收益的税收,那么_____。

a. 真实利率应该上升

b. 真实利率应该下降

c. 真实利率应该不变

d. 对真实利率的影响是不确定的

20. 预算盈余增加使_____。

a. 可贷资金需求增加,并使真实利率上升

b. 可贷资金需求减少,并使真实利率下降

c. 可贷资金供给减少,并使真实利率上升

d. 可贷资金供给增加,并使真实利率下降

26.4 进阶思考题

你正在看总统竞选辩论。当一位总统候选人被问及对经济增长的态度时,他向前走了几步,说道:"我们需要使这个国家的经济进一步增长,我们需要用税收激励来刺激储蓄和投资,并且我们需要减少预算赤字,以使政府不再吸纳我们国家的储蓄。"

1. 如果政府支出保持不变,这位总统候选人的陈述隐含着哪些矛盾之处?

2. 如果这位总统候选人真心希望减少税收并减少预算赤字,则意味着他关于政府支出的计划是怎样的?

3. 如果决策者想促进经济增长,而且决策者必须在刺激储蓄的税收激励和刺激投资的税收激励之间作出选择,那么他们在作出决策之前需要了解可贷资金市场供求的什么情况?解释原因。

习　题　答　案

26.1.3　术语与定义

5	金融体系	7	私人储蓄
12	金融市场	20	公共储蓄
4	金融中介	14	预算盈余
10	银行	2	预算赤字
1	交换媒介	8	政府债务
18	债券	17	投资
13	股票	19	可贷资金市场
11	共同基金	6	可贷资金需求
3	封闭经济	9	可贷资金供给
15	国民储蓄（储蓄）	16	挤出

26.2.1　应用题

1. a. 长期的,因为更可能的情况是,在到期之前你也许需要以压低的价格出售长期债券。

   b. 会,因为信用风险增加了,借款人将要求更高的收益率。

   c. 皮包公司。与市政债券不同,公司债券所有者得到的利息要纳税。

   d. 股票所有者要求较高的收益率,因股票的风险较高。

   e. 把钱投入共同基金更安全,因为它是多元化的(不要把所有的鸡蛋放在一个篮子里)。

2. a. $(6\,000 - 1\,000 - 4\,000) + (1\,000 - 1\,200) = 800$(单位:10亿美元)。

   b. $6\,000 - 1\,000 - 4\,000 = 1\,000$(单位:10亿美元)。

   c. $1\,000 - 1\,200 = -200$(单位:10亿美元)。

   d. 这不利于经济增长,因为公共储蓄是负的,所以,可用于投资的储蓄少了。

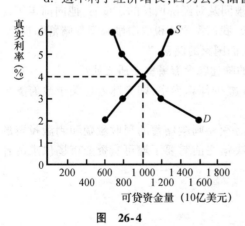

图　26-4

3. a. 均衡的真实利率 = 4%,均衡的储蓄和投资 = 10 000 亿美元(参看图26-4)。

   b. 利率为2%时,可贷资金的需求量大于供给量9 000 亿美元。这种对贷款(借款)的超额需求将使利率上升到4%。

   c. 均衡的真实利率 = 5%,均衡的储蓄和投资 = 8 000 亿美元(参看图26-5)。

   d. 均衡的真实利率 = 5%,均衡的储蓄和投资 = 12 000 亿美元(参看图26-6)。

   e. 投资税收减免,因为它使投资于资本的可贷资金需求曲线向右移动,提高了资本投资水平,并刺激了经济增长。

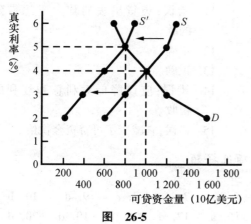

图 26-5

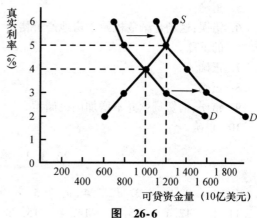

图 26-6

26.2.2 简答题

1. 因为共同基金是多元化的。当共同基金中的一种股票业绩不好时,很可能另一种股票的业绩好。

2. 公司债券。因为这种债券风险高,还因为通过金融市场"直接"借贷的分摊成本低于通过金融中介"间接"借贷的分摊成本。

3. 债务融资是借钱,例如,企业出售债券。权益融资是增加合伙人,例如,企业出售股票。

4. 储蓄是指消费支出和政府购买后剩下来的 GDP,投资是指设备和建筑物的购买。在日常语境中,储蓄通常是指我们收入中剩下的部分(尽管有人还为消费而借款),投资通常是指股票和债券的购买。

5. 因为储蓄是消费支出和政府购买之后剩下的 GDP,而且,储蓄是对可以用于购买设备和建筑物的产出的限制。

6. 私人储蓄 $= Y - T - C$,公共储蓄 $= T - G$。

7. 公共储蓄将减少,并引起国民储蓄和投资等量减少,经济增长放慢。

8. 可贷资金的供给曲线向右移动,真实利率将下降,而且,用于购买资本的可贷资金的需求量增加,经济增长会加快。

9. 可贷资金的供给曲线向右移动,真实利率将下降,而且,用于购买资本的可贷资金的需求量将增加,经济增长会加快。

10. 可贷资金需求被定义为私人用于购买资本设备和建筑物而借款的需求。赤字增加吸收了储蓄,并减少了可贷资金的供给。

11. 在一个金融市场上,储蓄者直接借款给借款人。通过金融中介机构时,储蓄者借款给中介,中介再借款给最终借款人。

26.3.1 判断正误题

1. 错误;出售债券是进行债务融资。

2. 错误;股东是所有者。

3. 正确。

4. 正确。

5. 正确。

6. 错误;这场金融危机始于房地产价格的下跌。

7. 正确。

8. 正确。

9. 错误;消费贷款并不增加国民储蓄。

10. 正确。

11. 错误;想贷出去的款大于想借到的款。

12. 正确。

13. 正确。

14. 错误;应该降低对利息和红利的税收。

15. 错误;它减少了可贷资金供给。

26.3.2 单项选择题

1. c 2. b 3. d 4. a 5. c 6. b 7. a 8. c 9. d 10. b
11. b 12. a 13. c 14. a 15. b 16. a 17. d 18. c 19. d 20. d

26.4 进阶思考题

1. 刺激储蓄和投资的税收激励要求减税。这会增加赤字,而赤字会减少国民储蓄和投资。

2. 这位总统候选人计划减少政府支出。

3. 决策者需要知道供求曲线的弹性(类似于斜率)。如果可贷资金需求缺乏弹性,那么可贷资金供给变动对储蓄和投资的影响就小,因此,在每一利率水平下用于增加储蓄的税收激励对增长的作用就微乎其微。如果可贷资金供给缺乏弹性,那么可贷资金需求变动对储蓄和投资的影响就小,因此,在每一利率水平下用于增加投资的税收激励对增长的作用就微乎其微。

第 27 章
金融学的基本工具

目　标

在本章中你将

- 了解现值与终值之间的关系
- 考虑复利增长的影响
- 知道风险厌恶者是如何减少他们面对的风险的
- 分析资产价格是如何决定的

效　果

在实现这些目标之后,你应该能

- 给定利率为 8% 时,在现在得到 100 美元和两年后得到 120 美元之间作出选择
- 解释为什么收入增长率略有不同的两个人在若干年之后其收入差别会很大
- 解释多元化的好处
- 说明为什么随机选择股票可能会和更复杂的选股方法具有同样的结果

27.1 本章概述

27.1.1 本章复习

金融市场协调储蓄与投资。金融决策涉及两个要素——时间与风险。例如,人们和企业必须根据对未来收益的预期作出今天关于储蓄和投资的决策,但未来收益是不确定的。**金融学**是研究人们如何在某一时期内做出关于资源配置和风险应对的决策的学科。我们将了解人们如何比较不同时点上的不同货币量,如何管理风险,以及如何把这些概念结合起来以帮助确定诸如股票这类金融资产的价值。

1. 现值:衡量货币的时间价值

任何未来一定量货币的**现值**是在现行利率下产生这一未来货币量所需要的现在货币量。**终值**是在现行利率既定时,现在货币量将带来的未来货币量。假设 r = 以小数形式表示的利率;n = 到期的年数;PV = 现值;FV = 终值。再假设每年支付利息,而且利息又存入账户中以赚得更多利息——一个称为**复利**的过程。那么,

$$PV(1 + r)^n = FV \tag{27.1}$$
$$FV/(1 + r)^n = PV \tag{27.2}$$

例如,假设一个人把 100 美元存入一个为期 3 年、利率 7% 的银行账户。利用公式 (27.1),$r = 0.07$,PV = 100 美元,$n = 3$,我们发现 3 年后账户上将有大约 122.5 美元。这就是说,终值是 122.5 美元。

换一种方法,假设为你提供一笔从现在起 3 年后给你带来 122.5 美元的银行存款。在利率为 7% 时,你今天需要为这个账户支付多少? 利用公式 (27.2),$r = 0.07$,FV = 122.5 美元,$n = 3$,我们发现,从现在起 3 年后 122.5 美元的现值是 100 美元。确定未来货币量现值的过程称为贴现。

现值与终值之间的关系说明了以下几点:

- 人们对现在得到一定货币量的偏好大于对未来得到同样货币量的偏好。利率越高,这个结论就越明显。

- 为了在现期某一货币量与以后某个时期的更大货币量之间作出选择,我们需要计算出未来货币量的现值,并将之与今天的货币量进行比较。

- 如果未来收益的现值大于成本,企业就进行投资项目。利率越高,进行项目的可能性越小,因为该项目的现值变小了。因此,随着利率上升,投资会减少。

增长率微小的差别在许多年以后会引起一国收入的巨大差别。这个结论对个人收入或存入银行的钱也是正确的。复利增长的概念表明了为什么是这样。每一年的增长依据的是前一年累积的增长,或者在复利的情况下,赚到的利息是根据包含以前赚到的利息计算的。70 规则说明了复利增长的影响。70 规则说明,如果某个变量每年以 $x\%$ 的比率增长,它的值将在将近 $70/x$ 年中翻一番。如果你的收入每年增长 1%,那么在 70 年后大约翻一番。但是,如果你的收入每年增长 4%,那么它将在大约 17.5 年后翻一番。

2. 风险管理

大多数人是**风险厌恶**的,这意味着对于相同量的损失和收益,他们更加厌恶损失,这是因为人们的效用函数表现出财富的边际效用递减的性质。因此,失去 1 000 美元赌注损失的效

用要大于赢得1 000美元赌注获得的效用。人们会通过购买保险来减少风险,或使其风险多元化,并接受其资产的低收益。

- 人们可以通过购买保险来减少他们所面临的风险。保险可以使经济更有效地分散风险,因为100个人承担一座房子着火的整体风险的1/100比每个人单独承担一座房子着火的全部风险要容易得多。保险市场上存在两个问题:逆向选择的发生是因为高风险的人比低风险的人更愿意购买保险;道德风险的发生是因为人们购买保险之后,谨慎的激励就少了。一些低风险的人不购买保险是因为上述问题会使得保险的价格对低风险的人来说太高。

- 人们可以通过多元化减少他们所面临的风险。**多元化**是通过用大量无关的小风险代替一种风险来实现风险的减少。这可以概括为一句话:"不要把你所有的鸡蛋放在一个篮子里。"通过保险使风险多元化是因为100个人承担一座房子着火的整体风险的1/100比每个人单独承担一座房子着火的全部风险要容易得多。用收益的标准差(变动程度)来衡量的股票投资组合的风险则可以通过投资组合的多元化——购买少量的多种股票而不是购买大量的单一股票——来减少。多元化可以消除**企业特有风险**——与某个公司相关的不确定性;它不能消除**市场风险**——与整个经济相关的、会影响到在股票市场上交易的所有公司的不确定性。

- 人们可以通过接受自己投资的一个较低收益率来减少他们所面临的风险。人们在投资组合中面临风险与收益之间的权衡取舍。为了赚到更多收益,人们必须接受更多风险。为了减少风险,人们必须接受低收益。一个人风险与收益的最优组合取决于他的风险厌恶程度,风险厌恶程度又取决于他的偏好。

3. 资产评估

供给和需求决定一股股票的价格。人们通常想购买被低估的股票——价格低于价值的股票。如果价格高于价值,股票就被认为高估了。如果价格和价值相等,股票就被公正地估价。股票的价格是可以知道的,但股票的价值是不确定的,因为它是未来股息流量和最终销售价格的现值。股息与最终销售价格则取决于公司未来的盈利状况。**基本面分析**是为决定一家公司的价值而对其会计报表和未来前景进行的详细分析。你可以自己进行基本面分析,也可以依靠华尔街的分析师,或者购买其管理者进行过基本面分析的共同基金。

根据**有效市场假说**,资产价格反映了有关一种资产价值的所有公开的、可获得的信息。这种理论提出,专业的财富管理者为了确定股票的价值而关注相关信息。股票的价格是由供求决定的,因此在任何一个时点上,出售的股份等于购买的股份,这意味着认为股票高估和低估的人数是相同的。因此,大多数分析师认为,股票总是能够被公正地估价。根据这种理论,股票市场是**信息有效**的,这意味着股市价格反映了所有以理性方式获得的信息。如果这是正确的,股票价格就应该遵从**随机游走**,即要根据所获得的信息预测它的发展趋势是不可能的,因为所有可以获得的信息都已经体现在价格中了。因此,不会出现购买某种股票比另外一种股票好的情况,而且,你最好的选择是买一组多元化的投资组合。

指数基金为支持有效市场假说提供了证据。指数基金是购买某种股票指数中的所有股票的共同基金。积极管理的基金通过研究,努力只购买最好的股票。积极管理的基金通常并没有跑赢指数基金,因为它们更频繁地交易而导致了更多的交易费用,也是因为它们对所谓的专家服务收取费用。

一些人认为,市场往往是非理性的。这就是说,股票价格往往以根据对信息的理性分析难以解释的方式变动,从而看起来是由心理倾向驱动的。但是,如果这是正确的,交易者就应该能利用这个事实购买优于平均水平的股票,但跑赢市场几乎是不可能的。既然股票的价值取决于它的股息和最终销售价格,假如过后其他人愿意以更高价格购买这只股票,那么以高出它基本价值的价格来购买它(即投机性泡沫的出现)也不是不合理的。

4. 结论

现值的概念告诉我们,今天的 1 美元比以后某一时点的 1 美元更值钱,而且,它使我们可以比较不同时点上的货币量。风险管理告诉我们风险厌恶者可以用一些方法减少他们所面临的风险。资产评估反映了企业未来的盈利能力。对于股票价格是不是一个公司真正价值的理性估算存在着争论。

27.1.2　有益的提示

(1) 复合增长与复利相同。复利是你从过去赚到的利息中赚取利息。假设是按年计算复利,当你以 10% 的利率在银行存入 100 美元时,在年底你得到了 110 美元。如果你把这笔钱存入银行两年,你就有了复利,即你在两年后得到 121 美元——本金 100 美元,第一年得到 10 美元的利息,第二年又得到 10 美元利息,加第一年利息 10 美元的 1 美元利息。在下一年,你得到的利息将不是基于 100 美元或 110 美元赚到的利息,而是基于 121 美元,等等。

同样,在许多年之后,增长快的经济把其增长的百分比运用于相当大的基数(经济规模),其总量与增长慢的经济之间的差距加速扩大。例如,运用 70 规则,一个按 1% 增长的经济,其规模应该在大约 70 年(70/1)后翻一番。一个按 4% 增长的经济,其规模每 17.5 年(70/4)翻一番。70 年之后,增长 4% 的经济是其原来规模的 16 倍(2^4),而增长 1% 的经济只是其原来规模的 2 倍。如果两个经济开始时规模相同,那么由于复合增长,增长 4% 的经济 70 年后是增长 1% 的经济的 8 倍。

(2) 风险厌恶者从保险中获益是因为,由于其财富的边际效用递减,一大笔支出引起的效用减少大于许多小笔保险金支付引起的效用减少。例如,假定一个镇上有 50 个人,每年有一座房子被烧掉,因此,在任何一年中,每个人都有 1/50 失去自己整座房子的机会。人们可以每年支付给保险公司自己房子价值的 1/50,从而,他们支付的保险金在 50 年之后等于他们房子的价值。此外,他们可以不买保险,但他们将每 50 年一次地由于火灾而重盖他们的房子。虽然这两种支出的预期值是相同的,但风险厌恶者选择购买保险,因为一次性支付整个房子价值引起的效用减少大于 50 次支付房子价值的 1/50 引起的效用减少。

(3) 随着投资组合中股票数量的增加,股票投资组合的收益变动减小。当投资组合只由一种股票构成时,投资组合的变动与一种股票的变动相同。当投资组合包括两种股票时,可能的情况是,当一种股票支付的收益低于平均水平时,另一种股票支付的收益高于平均水平,而且两种股票的收益变动往往会抵消。结果,投资组合的变动小于这种组合中的每一种股票的变动。当投资组合中股票数量增加时,这种效应继续发生。但是,直到投资组合中有二三十种股票时,风险才会大大减少。要注意的是,为了通过多元化实现降低风险的目标,不同股票的风险必须是不相关的。因此,随机选择股票应该比选择同一个行业或在同一地区的企业的股票风险更小。

(4) 股票价格取决于供求状况。一种股票的需求取决于支付的股息流量以及最终销售价格的现值。因此,预期的股息增加、最终销售价格上升或者现行利率下降,都会增加股票需求并使股票价格上升。一种股票的需求还取决于与股票相关的风险因素。因为人们是风险厌恶者,总风险提高将减少所有股票的需求,并使所有股票的价格下降。奇怪的是,企业特有风险(与某个公司相关的某种股票收益的标准差大小)并不影响股票的需求,因为这种风险可以通过多元化予以消除。

27.1.3 术语与定义

为每个关键术语选择一个定义。

关键术语	定 义
＿＿＿＿金融学	1. 资产价格以理性的方式反映所有可获得的信息。
＿＿＿＿现值	2. 按现行利率计算,为获得一个既定的未来货币量所需要的现在货币量。
＿＿＿＿终值	3. 为确定一家公司的价值而对其会计报表和未来前景进行的研究。
＿＿＿＿复利	4. 研究人们如何在某一时期内做出关于资源配置和风险应对的决策的学科。
＿＿＿＿风险厌恶	5. 一种不可预期的变量变动的路径。
＿＿＿＿多元化	6. 只影响一个企业的风险。
＿＿＿＿企业特有风险	7. 一个账户上货币量的积累,该账户的利息是用之前支付的利息赚取的。
＿＿＿＿市场风险	8. 认为资产价格反映了有关这种资产价值的所有公开的、可获得的信息的理论。
＿＿＿＿基本面分析	9. 在现行利率既定时,现在的货币量将带来的未来货币量。
＿＿＿＿有效市场假说	10. 通过用大量不相关的小风险来代替单一风险来降低风险。
＿＿＿＿信息有效	11. 同时影响股市上所有企业的风险。
＿＿＿＿随机游走	12. 不喜欢不确定性。

27.2 应用题与简答题

27.2.1 应用题

1. 白水游轮公司今天能以 100 000 美元购买轮船。在以后三年的每年年底,游轮可以赚到 40 000 美元。

   a. 如果利率是 12%,白水游轮公司预期得到的每笔未来收益的现值是多少?

   b. 如果利率是 12%,白水游轮公司应该投资于游轮吗?解释之。

   c. 如果利率是 7%,白水游轮公司应该投资于游轮吗?解释之。

   d. 比较 b 和 c 的答案。这说明了投资与利率之间关系的什么一般性原则?

2. 用 70 规则回答以下问题。假设高增长国的人均真实 GDP 每年按 2% 的速度增长,而低增长国的人均真实 GDP 每年按 1% 的速度增长。

a. 高增长国的人均真实 GDP 翻一番需要多少年?

b. 如果高增长国 1945 年的人均真实 GDP 是 2 000 美元,则 2015 年它将是多少美元?

c. 低增长国的人均真实 GDP 翻一番需要多少年?

d. 如果低增长国 1945 年的人均真实 GDP 是 2 000 美元,则 2015 年它将是多少美元?

e. 用以上你计算的数字帮助解释复合增长的概念。

f. 如果高增长国在 2015 年停止增长,则低增长国赶上高增长国的生活水平还需要多少年?

3. 确定以下保险市场所遇到问题的类型(逆向选择或道德风险),并解释之。

a. Susan 按不吸烟者的保费率购买了医疗保险。在购买了保险之后,她又开始吸烟。

b. Bryce 发现,他的肝脏状况会使他短寿。他想买人寿保险,以帮助支付他的孩子的大学费用。

c. Fred 得到一份新工作,并且必须往来于芝加哥。由于担心在拥堵的路上发生车祸,他增加了他的汽车保险承保范围。

d. 在 Lisa 为她的房子购买了火灾保险之后,她没有关上壁炉的门,就将壁炉中的火点着了。

4. Rachel 是一个极其挑剔的食客。当她选择餐馆时,她总选择在自助餐馆吃饭。在一个自助餐馆,她不必点菜单上的菜,因此,她就没有点到她不喜欢的东西的风险。Rachel知道,自助餐馆的食物是极为普通的,而且由于她避开了高档餐馆,她就没有机会去吃一些能让她非常享受的特殊食物。但另一方面,她从来不会吃到她不愿意吃的东西。

a. Rachel 从真正好的食物中得到的效用和吃到她不喜欢的食物中失去的效用同样多吗? 解释之。

b. 根据 Rachel 对风险的偏好,你对她的效用函数能说出什么呢? 解释之。

c. 自助餐馆的可获得性如何有助于 Rachel 减少她的风险? 解释之。

27.2.2 简答题

1. 假设利率是 6%。你更希望获得以下哪项:今天的 100 美元,还是一年后的 110 美元?为什么?

2. 假设你在你银行的储蓄账户上存入了 100 美元。如果你的账户支付 8% 的利率,并且它是每年计算复利的,一年后你的账户上有多少钱? 两年后呢? 在第二年你多赚到了多少利息? 为什么?

3. 你刚刚赢得了一笔在以后 3 年中每年年底付给你 100 000 美元的彩票。或者,彩票发放单位想在今天向你一次性支付较少的钱。如果利率是 9%,你接受一次性支付的数额最少应该是多少? 解释之。

4. 根据 70 规则,如果你的收入每年增加 5%,那么你的收入翻一番需要多长时间? 如果你在 23 岁时开始工作,年收入 4 万美元,而且每年收入增长 5%,那么在 65 岁退休时你一年将赚到多少钱?

5. 对于风险厌恶的人,他的效用函数必定有什么性质? 解释之。

6. 假设人们的汽车每 10 年出一次车祸,而且出车祸后汽车就报废了。人们可以每年汽车价值 1/10 的保险费购买保险。风险厌恶者会为他的汽车购买车祸保险吗? 为什么?

7. 保险市场往往会被哪两类问题所困扰?解释之。这又会给低风险的人带来什么问题呢?

8. 当人们购买股票时,他们面临哪两种风险?哪一种风险可以通过多元化降低,而哪一种风险不行?解释之。

9. 股票和政府债券哪一种风险更大?为什么?人们如何能用这一信息来调整他们面临的风险量?如果人们用这种方法降低风险,那么他们的收益会发生什么变动?解释之。

10. 有哪三种方法可以使人们在投资有价证券时减少其所面临的风险?

11. 什么是基本面分析?进行基本面分析的三种方法是什么?

27.3　自我测试题

27.3.1　判断正误题

_____1. 如果现行利率是 10%,那么理性人在今天获得 1 000 美元和一年后获得 1 000 美元之间应该是无差别的。

_____2. 你将在 10 年后获得 100 000 美元遗产。如果现行的利率是 6%,遗产的现值是 55 839.48 美元。

_____3. 70 规则表明,平均来说,人们的收入大约 70 年翻一番。

_____4. 如果利息是按年复利计算,在支付 10% 利率的账户上存入 100 美元,3 年后应该有 30 美元的利息。

_____5. 根据 70 规则,如果你的收入每年增长 7%,10 年后收入将翻一番。

_____6. 未来货币量的现值是在现行利率下为了产生未来这一货币量所需要的现在货币量。

_____7. 如果人们是风险厌恶者,他们从赢得 1 000 美元赌注中获得的效用和从输掉 1 000 美元赌注中损失的效用相同。

_____8. 如果某个人的效用函数表现出财富的边际效用递减,那么这个人是一个风险厌恶者。

_____9. 当那些比普通人更容易生病的人购买医疗保险时,保险市场上就出现了逆向选择问题。

_____10. 人们可以通过使自己的投资组合多元化来降低所谓的市场风险。

_____11. 投资组合从单一股票增加到 10 种股票的多元化与投资组合从 10 种股票增加到 20 种股票的多元化所减少的投资组合风险相同。

_____12. 当一个人把他的储蓄较多地用于购买股票,较少地用于购买政府债券时,他赚取的收益率高了,但他必须承担更高的风险。

_____13. 有效市场假说表明,由于市场是有效的,因此进行基本面分析以购买被低估的股票,然后赚取高于平均市场收益的收益是容易的。

_____14. 如果有效市场假说是正确的,股票价格就应该遵循随机游走。因此,购买指数基金或者在股票网页上随意勾选以购买多元化的投资组合也许是你的最佳选择。

_____ 15. 股票的价值等于未来股息支付流的现值加上股票的最终出售价格。

27.3.2 单项选择题

1. 在现行利率下,为了在未来产生某个货币量所需要的现在货币量称为_____。
   a. 复利值
   b. 终值
   c. 现值
   d. 公平值
   e. 初始值

2. 如果一个储户把 100 美元存入每年计算复利、利率为 4% 的银行账户上,那么在 5 年之后账上会有多少钱?
   a. 104.00 美元
   b. 120.00 美元
   c. 121.67 美元
   d. 123.98 美元
   e. 400.00 美元

3. 通用电气公司有机会在今天购买一个在 4 年之后为它带来 5 000 万美元收入的新工厂。如果现行利率是 6%,要通用电气公司愿意进行这个项目,这个项目现在最多花多少钱?
   a. 34 583 902 美元
   b. 39 604 682 美元
   c. 43 456 838 美元
   d. 50 000 000 美元
   e. 53 406 002 美元

4. 现行利率上升_____。
   a. 减少了投资未来收益的现值,并减少了投资
   b. 减少了投资未来收益的现值,并增加了投资
   c. 增加了投资未来收益的现值,并减少了投资
   d. 增加了投资未来收益的现值,并增加了投资

5. 如果开始时两个国家有同样的人均真实 GDP,并且一个国家以 2% 增长,而另一个国家以 4% 增长,那么_____。
   a. 一个国家的人均真实 GDP 总比另一个国家高 2%
   b. 由于复合增长,增长率为 4% 的国家的生活水平与增长慢的国家的差别开始加速扩大
   c. 两国的生活水平将趋于一致
   d. 下一年增长 4% 的国家的人均 GDP 将是增长 2% 的国家的 2 倍

6. 运用 70 规则,如果你的收入每年增长 10%,那么你的收入翻一番需要大约_____。
   a. 700 年
   b. 70 年
   c. 10 年
   d. 7 年
   e. 没有足够的信息回答这个问题

7. 运用 70 规则,如果你的父母在你出生时为你存了 10 000 美元,这笔存款每年赚取 3% 的利息,那么在你 70 岁退休时,账户上将有多少钱?
   a. 300 美元
   b. 3 000 美元
   c. 20 000 美元
   d. 70 000 美元
   e. 80 000 美元

8. 如果人们是风险厌恶者,那么_____。
   a. 他们对坏事的厌恶程度大于对可比较的好事的喜欢程度
   b. 他们的效用函数表现出财富边际效用递减的特征
   c. 他们从输掉 50 美元赌注中损失的效用大于他们从赢得 50 美元赌注中获得的效用
   d. 以上各项都正确

e. 以上各项都不正确

9. 以下哪一项无助于减少人们所面临的风险？
   a. 购买保险
   b. 把其投资组合多元化
   c. 在其投资组合之内提高收益率
   d. 以上所有各项都有助于减少风险

10. 以下哪一项是道德风险的例子？
    a. Joe 在购买了火灾保险之后,开始在床上吸烟
    b. Doug 最近身体不好,因此他购买了医疗保险
    c. Susan 的父母由于蛀牙而掉光了牙,因此 Susan 购买了牙科保险
    d. 以上各项都是
    e. 以上各项都不是

11. 企业特有风险是_____。
    a. 与整个经济相关的不确定性
    b. 与某个公司相关的不确定性
    c. 与道德风险相关的风险
    d. 与逆向选择相关的风险

12. 投资组合的多元化可以_____。
    a. 减少市场风险
    b. 减少企业特有风险
    c. 消除所有风险
    d. 提高投资组合收益的标准差

13. 与完全由股票构成的投资组合相比,由 50% 政府债券和 50% 股票构成的投资组合将有_____。
    a. 更高的收益和更高的风险
    b. 更高的收益和更低的风险
    c. 更低的收益和更低的风险
    d. 更低的收益和更高的风险

14. 为了确定公司的价值而对公司的会计报表和未来前景进行的研究称为_____。
    a. 多元化
    b. 风险管理
    c. 信息分析
    d. 基本面分析

15. 如果有效市场假说是正确的,那么_____。
    a. 股票通常会被高估
    b. 股票市场是信息有效的,因此,股票价格将遵循随机游走
    c. 基本面分析对增加一种股票的收益来说是一种有价值的工具
    d. 指数基金是糟糕的投资
    e. 以上各项都是正确的

16. 以下哪一项减少的投资组合风险最大？
    a. 把投资组合中的股票数量从 1 增加到 10
    b. 把投资组合中的股票数量从 10 增加到 20
    c. 把投资组合中的股票数量从 20 增加到 30
    d. 以上各项都带来了等量的风险减少

17. 以下哪一项会引起股票价格上升？
    a. 市场风险减少
    b. 预期的股息增加
    c. 利率下降
    d. 以上各项都是
    e. 以上各项都不是

18. 在以下什么情况下,股票市场上会发生投机性泡沫？
    a. 股票被公正地估价
    b. 只有当人们处于非理性时
    c. 由于理性人认为他们以后能以更高的价格把股票卖给其他人,因此他们会购买被高估的股票
    d. 在极其悲观期间,因为有如此多的股票被低估

19. 当发生下列哪种情况时,股票价格就会遵循随机游走？
    a. 当人们选择股票时非理性地行事
    b. 市场以理性方式反映了所有可以获得的信息
    c. 股票被低估

d. 股票被高估

20. 一个积极管理的共同基金的业绩难以超过指数基金是因为_____。
    a. 指数基金通常可以进行更好的基本面分析
    b. 股票市场往往是无效率的
    c. 积极管理的基金更频繁地交易，并对它们所提供的专业服务收取费用
    d. 指数基金可以购买被低估的股票
    e. 以上各项都是

27.4　进阶思考题

你是一所优秀的私立大学商学院的学生,学费极其昂贵。在你即将毕业时,你的父母来你的宿舍看你。当他们进入房间时,他们看到你在公告版上的股票页上随意勾选。你告诉他们,你从你同意毕业后去就职的公司得到一大笔签约费,你现在正挑选你计划投资的股票。你的父母很担心,而且,他们想收回你昂贵教育所用的钱。你的父亲说:"选择股票有更好的方法。我可以给你我的私人股票分析师的电话号码,或者你至少可以买知名的、管理良好的共同基金。"

1. 你父亲根据的是什么股票评价方法? 他的目的是什么?
2. 向你的父母解释有效市场假说。如果有效市场假说是正确的,你父亲挑选股票的方法能达到他的目的吗?
3. 如果有效市场假说是正确的,你随意勾选股票的做法的唯一目的是什么? 解释之。
4. 如果有效市场假说是正确的,哪一种方法在长期中能带来更多收益:随意勾选股票的做法,还是积极管理的共同基金? 为什么?

习　题　答　案

27.1.3　术语与定义

4	金融学	6	企业特有风险
2	现值	11	市场风险
9	终值	3	基本面分析
7	复利	8	有效市场假说
12	风险厌恶	1	信息有效
10	多元化	5	随机游走

27.2.1　应用题

1. a. 40 000 美元/1.12 = 35 714.29 美元。
      40 000 美元/(1.12)² = 31 887.76 美元。

      $$40\,000\text{ 美元}/(1.12)^2 = 31\,887.76\text{ 美元。}$$
      $$40\,000\text{ 美元}/(1.12)^3 = 28\,471.21\text{ 美元。}$$

   b. 不应该。成本是 100 000 美元,但收益的现值只有 96 073.26 美元。
   c. 应该。虽然成本仍然是 100 000 美元,但收益的现值是(40 000 美元/1.07) + (40 000 美元/1.07²) + (40 000 美元/1.07³) = 104 972.65 美元。
   d. 投资与利率负相关——低利率刺激投资。

2. a. 70/2 = 35(年)。

   b. 8 000 美元。

   c. 70/1 = 70(年)。

   d. 4 000 美元。

   e. 在第一个 35 年中,高增长国的人均 GDP 将增加 2 000 美元。以同样速度增长,在下一个 35 年中,它的 GDP 将增加 4 000 美元,因为现在把同样的增长率用于更大的基数。

   f. 还需要 70 年。

3. a. 道德风险,因为在购买了保险之后,她对健康就不太在意了。

   b. 逆向选择,因为在他知道他死亡的概率大于平均水平之后,他更愿意买人寿保险。

   c. 逆向选择,因为在他知道他车祸的概率大于平均水平之后,他更愿意买汽车保险。

   d. 道德风险,因为在购买了保险之后,她不注意防范火灾了。

4. a. 不对。她不喜欢坏食物的程度大于她喜欢好食物的程度。

   b. Rachel 是风险厌恶者,因为她表现出财富的边际效用递减(她不喜欢花钱,即对她而言把 30 美元用于她不喜欢的食物的效用损失大于她把 30 美元用于她喜欢的食物上而获得的效用)。

   c. 她可以在自助餐馆把她的风险多元化——她在自助餐馆"没有把所有鸡蛋放在一个篮子里"。这降低了她的食物的标准差,因为她的食物总是充足的,而绝没有太差或太好。自助餐馆像一个食物的共同基金。

27.2.2　简答题

1. 你应该更希望获得一年后的 110 美元,因为一年后 110 美元的现值是 110 美元/1.06 = 103.77 美元,这大于 100 美元。

2. 一年后:100 美元 × 1.08 = 108 美元。两年后:100 美元 × 1.08^2 = 100 美元 × 1.1664 = 116.64 美元。在第二年账户上多赚了 0.64 美元是因为账户用第一年的利息赚到了利息:0.08 × 8 美元 = 0.64 美元。

3. 你应该接受的至少是未来支付流的现值:100 000 美元/1.09 + 100 000 美元/1.09^2 + 100 000 美元/1.09^3 = 91 743.12 美元 + 84 168.00 美元 + 77 218.35 美元 = 253 129.47 美元。

4. 70/5 = 14(年)。在 42 年中你的收入将翻三番,即 40 000 美元 × 2^3 = 320 000 美元。

5. 财富的边际效用递减。因此,从得到的 1 美元中增加的效用小于失去 1 美元减少的效用。

6. 会。由于财富的边际效用递减,更换汽车需要的一次性支付引起的效用减少大于支付汽车价值 1/10 的保险费用引起的效用减少。

7. 逆向选择:高风险的人比低风险的人更可能申请保险。道德风险:在人们购买保险之后,他们谨慎行事的激励就小了。结果,保险的价格对于低风险的人往往太高,以至于后者不购买保险。

8. 一是企业特有风险,即与某个公司相关的不确定性;二是市场风险,即与整个经济相关的、会影响股票市场上所有公司的不确定性。企业特有风险可以用多元化来消除,因为当一个企业状况不好时,另一个无关的企业状况良好可以减少收益的变动。市场风险不能减少,因为当整个经济状况不好时,市场投资组合的状况也不好。

9. 股票,因为政府债券收益的标准差是零,而股票收益的标准差大得多。人们可以改变他们投资于股票与没有风险的政府债券的比例。低风险资产获得低收益,因此,把有价证券组合的更大部分投入政府债券就降低了投资组合的收益。

10. 买保险,投资组合多元化,以及接受低收益的投资组合。

11. 通过分析其财务报表及未来前景来决定一个公司的价值。你可以自己分析,或者依靠华尔街分析师,或者买积极管理的共同基金。

27.3.1　判断正误题

1. 错误;一年后 1 000 美元的现值是 1 000 美元/1.10 = 909.09 美元。

2. 正确。

3. 错误;如果人们的收入按 $x\%$ 增长,他们在 $70/x$ 年后收入翻一番。

4. 错误;第一年 10 美元,第二年 11 美元,第三年 12.10 美元,总计 33.10 美元。

5. 正确。

6. 正确。

7. 错误;输掉 1 000 美元的负效用更大。

8. 正确。

9. 正确。

10. 错误;多元化降低了企业特有风险。

11. 错误;从单一股票到 10 种股票的投资组合多元化所减少的投资组合风险更多。

12. 正确。

13. 错误;如果市场是有效的,那么股票总是被公正地估价。

14. 正确。

15. 正确。

27.3.2　单项选择题

1. c	2. c	3. b	4. a	5. b	6. d	7. e	8. d	9. c	10. a
11. b	12. b	13. c	14. d	15. b	16. a	17. d	18. c	19. b	20. c

27.4　进阶思考题

1. 基本面分析,即为了确定企业的价值而对企业的会计报表和未来前景进行的详细分析。目的是选择被低估的股票——那些价格低于价值的股票。

2. 有效市场假说认为,股票市场是信息有效的,即它反映了关于所交易股票的所有可获得的信息。这就是说,市场参与者会关注影响一种股票价值的任何新闻。由于在任何既定时点,一种股票买者的数量等于卖者的数量,有同样数量的人认为股票被低估或高估,因此,股票一直被公正地估价,而且,其价格遵循随机游走。如果这是正确的,始终购买被低估的股票就是不可能的。

3. 此时你的唯一目的是把投资组合多元化,以减少企业特有风险。

4. 如果你随意勾选,能消除大部分企业特有风险(你的投资组合将与指数基金类似,追随整个市场的表现),而且,如果你购买并持有股票(你不用经常交易),那么很可能的情况是,随意勾选将使你的收益更大。这是因为共同基金的积极管理者往往会更频繁地交易,导致了更高的交易费用,而且,它们还要为所提供的专业服务收取费用,但它们并不能降低市场风险。

第28章
失　业

目　标

在本章中你将

- 了解用来衡量失业的数据
- 考察寻找工作的过程是如何引起失业的
- 考察最低工资法会怎样引起失业
- 说明企业和工会之间的谈判是如何引起失业的
- 解释当企业选择支付效率工资时是如何引起失业的

效　果

在实现这些目标之后,你应该能

- 用就业者、失业者和非劳动力的人数的数据计算失业率和劳动力参工率
- 解释为什么一些与寻找工作有关的失业是不可避免的
- 用图形说明最低工资对高工资部门和低工资部门的影响
- 列出工会在某些情况下会引起失业的原因,以及在某些情况下会提高效率的原因
- 描述企业选择支付高于竞争工资的工资的四个原因

28.1 本章概述

28.1.1 本章复习

如果一个国家使自己的工人得到充分就业,它所实现的 GDP 水平就高于有许多工人赋闲时的状况。在本章中,我们主要关注自然失业率,即经济中正常情况下存在的失业率。"自然"并不是指不变的或不受经济政策影响的,它是指其本身无法消除的失业。本章论述失业统计数字的衡量与解释,以及失业的原因和解决办法。

1. 失业的确认

美国劳工统计局(BLS)根据当前人口调查把所有受调查的成年人(16 岁及 16 岁以上)分为就业者、失业者和非劳动力。

- 就业者:作为得到报酬的员工而工作的人,在自己的企业或家族企业里工作的人(全职或兼职),或是有工作但暂时离开工作岗位的人。
- 失业者:能够工作且在之前四周内努力找工作但还没有找到工作的人,或是暂时被解雇的人。
- 非劳动力:不属于以上两个类别的人(如学生、家务劳动者和退休人员)。

然后 BLS 计算以下三个统计数字:

- 劳动力 = 就业者人数 + 失业者人数
- 失业率 = (失业者人数/劳动力) × 100%
- 劳动力参工率 = (劳动力/成年人口) × 100%

劳动力包括所有有工作能力的人。**失业率**是劳动力中失业者所占的百分比。**劳动力参工率**是劳动力在成年人口中所占的百分比。人口中男性、女性、黑人、白人、青少年、成年人之间的失业率和劳动力参工率差别很大。25—50 岁的中青年女性的劳动力参工率低于男性,但女性一旦成为劳动力,她们的失业率与男性相似。中青年黑人和青少年的失业率高于白人和成年人。女性的劳动力参工率在上升,而男性的劳动力参工率在下降。

失业率围绕其波动的正常失业率是**自然失业率**。失业与自然失业率背离的现象称为**周期性失业**。在 2015 年,美国的自然失业率估计是 4.9%。本章关注自然失业率的特征和原因。

由于人们频繁地进入和退出劳动力队伍,因此失业难以衡量和解释。例如,有 1/3 以上的失业者是近期进入劳动力队伍的,而且有将近一半的失业最后是以失业者离开劳动力队伍而结束的。此外,以下原因可能使失业的衡量不准确:

- 由于一些人只是为了能得到政府补助而假装在找工作或实际上已得到"暗中"支付,因此这些失业者仍被算在劳动力之内。这种行为使失业统计数字偏高。
- 一些人寻找工作不成功,并放弃了寻找工作,因此他们未被算在劳动力之内。这些工人被称为**丧失信心的工人**。这种行为使失业统计数字偏低。

由于这些问题和其他问题,BLS 也计算其他劳动力未充分被利用的衡量指标,即 U1—U6。这些统计数字力图衡量长期失业、临时工作、丧失信心的工人、兼职工人以及边际参与工人对劳动市场的影响。

了解失业持续的时间会有助于我们制定正确的失业政策。有证据表明,大多数失业是短期的,而在任何一个既定时间段所观察到的大多数失业又是长期的。这意味着,许多人的失业是短期的,但少数人的失业是相当长期的。经济学家认为,短期失业所引起的社会问题要比长期失业小得多。

在大多数市场上,价格会自发调节,使供求达到平衡。在理想的劳动市场上,工资应该调整到没有失业存在。但是,即使在经济运行良好时,失业率也绝不会下降到零。接下来的几个小节分析了劳动市场不是理想市场的四个原因。失业的第一个来源是寻找工作。**摩擦性失业**是因工人寻找一份最适合自己爱好和能力的工作需要时间而引起的失业。其余三种失业来源都属于结构性失业的范畴。**结构性失业**是因某些劳动市场上可提供的工作岗位数量不足以使每个想找工作的人都得到工作而引起的失业。结构性失业的产生是因为工资高于均衡工资。工资过高的三个可能原因是最低工资法、工会和效率工资。摩擦性失业可以解释较短期的失业,而结构性失业可以解释较长期的失业。

2. 寻找工作

寻找工作是使工人与工作岗位相匹配的过程。正因为工人的技能和爱好不同,他们的工作性质也不相同。而且,工作信息的扩散也很缓慢。因此,工作候选人和工作岗位的匹配需要时间。摩擦性失业是由这种寻找工作的时间引起的。

在一个动态经济中,摩擦性失业是不可避免的。随着对产品的需求发生变动,一些行业和地区出现增长,而另一些行业和地区出现收缩。这种行业或地区之间的需求构成变动称为**部门转移**。当工人在收缩部门失去工作并在增长部门找工作时,部门转移就引起了暂时的摩擦性失业。

可以通过互联网提供更多的工作机会信息来减少摩擦性失业。政府也可以通过从事缩短工作寻找时间的活动来减少摩擦性失业。这类政府计划有两种:(1) 政府管理的就业机构帮助工人与工作岗位相匹配;(2) 通过工人培训计划重新培训收缩部门解雇的工人。批评者认为,政府并不适于做这些事,在岗位匹配与重新培训的事情上,市场做得更有效。

失业保险是在某一时期向被解雇工人支付他们原来的薪水的一部分。失业保险增加了摩擦性失业,因为失业工人更可能:(1) 降低用于找工作的努力程度;(2) 拒绝没有吸引力的工作;(3) 不太担心工作保障。这并不意味着失业保险不好。失业保险为工人提供了失去工作期间的部分保障,而且通过允许工人用更长时间寻找最匹配的工作提高了劳动市场的效率。

3. 最低工资法

当工作岗位数量小于工人数量时,结构性失业就产生了。最低工资法是结构性失业的一个原因。回忆一下,最低工资法使工资高于均衡工资,这就引起劳动供给量大于劳动需求量,从而存在劳动力过剩或失业。由于大多数工人的均衡工资高于最低工资,因此最低工资法往往只会引起青少年这类最无技能又最无经验的工人失业。领取最低工资的工人大都是很年轻且没有工作经验的兼职者,他们往往供职于餐饮业,小费增补了他们的工资。

虽然总失业中只有一小部分是由最低工资引起的,但对最低工资的分析指出了一般规律:如果工资高于均衡水平,就会导致失业。接下来的两个小节提出了工资高于均衡水平的另外两个原因,即结构性失业的另外两个原因。

要注意的是,在存在摩擦性失业时,即使工资处于竞争的均衡水平,工人也仍然在寻找适当的工作。与此相比,结构性失业的存在是因为工资高于竞争的均衡工资,工人在等待工作岗位的开放。

4. 工会和集体谈判

工会是一个与雇主就工资、津贴和工作条件进行**集体谈判**的工人协会。工会是一种卡特尔，因为它是一个运用市场势力的有组织的卖者群体。如果工会和企业没有达成协议，工会可以**罢工**——把其劳动服务从企业撤出。由于罢工的威胁，工会工人的收入比非工会工人高 10%—20%。受教育少的工人从工会会员身份中得到的好处大于受教育多的工人。

工会以**局外人**(非会员)的损失为代价而使**局内人**(会员)受益。当工会使工资提高到均衡工资以上时，就会导致失业。局内人赚到高工资，而局外人要么失业，要么必须到无工会的企业工作。这就增加了无工会部门的劳动供给，并进一步降低了非工会工人的工资。

大多数卡特尔都是违法的，但工会不受反托拉斯法的限制。实际上，像 1935 年的《瓦格纳法案》这类立法促进了工会的建立。而另一方面，各州的**工作权利法**规定，要求只能雇用工会会员的做法是非法的，从而限制了工会成员的增加。

对于工会对经济是好还是坏的看法并不一致。批评者认为，工会是把劳动力价格提高到竞争均衡价格之上的卡特尔。这是无效率的(引起失业)和不平等的(局内人以局外人的损失为代价获益)。工会的支持者认为企业拥有市场势力并能压低工资，因此，工会只是对企业的一股抗衡力量。在一个企业雇用该地区大部分工人的公司城，这很可能是正确的。支持者还认为，工会是有效率的，因为企业不必要就薪水和福利与个别工人谈判。这就是说，工会可以减少交易费用。

5. 效率工资理论

效率工资理论提出，企业可能会有目的地使工资高于竞争均衡的水平，因为这样做对企业是有效率的。**效率工资**类似于最低工资法和工会，因为在这三种情况下失业都是因工资高于均衡工资而引起的。但是，效率工资与另外两者的不同之处在于它是企业自愿支付的。接下来，我们分析了企业发现支付高于竞争均衡的工资有效率的四个原因：

- 工人的健康会由于企业支付高工资而改善。工资高的工人吃得更好，并且生产率更高。这更适用于发展中国家的企业，也许不适用于美国的企业。
- 工人的流动率会由于企业支付高工资而下降，因为工人发现要找到另一份高工资的工作是困难的。企业也会发现工人的流动率下降是有利可图的，因为存在与雇用和培训新工人相关的成本，而且也因为新工人缺乏经验。
- 工人的素质会由于企业支付高工资而提高。企业无法完全了解求职者的素质。通过支付高于竞争均衡的工资，企业的空缺岗位能吸引到高素质求职者的概率更高。
- 工人的努力程度会由于企业支付高工资而提高。当一个工人的努力程度不易被监测时，工人会逃避自己的责任。如果被抓住并被解雇，赚到竞争的均衡工资的工人可以很容易地找到另一份有同样工资的工作。而高工资使工人更热衷于保住自己的工作并努力工作。

28.1.2 有益的提示

1. 即使在竞争的均衡工资下，寻找工作也需要时间。最低工资法、工会和效率工资都会通过使工资高于竞争的均衡工资而引起劳动供给过剩(失业)。但是，即使在竞争的均衡工资下，摩擦性失业也存在，因为无论工资如何，使工人与企业相匹配必定需要时间。由于这个原因,通常认为由于工资高于均衡工资而引起的结构性失业是在固有的摩擦性失业之上增加的失业。

2. 自然失业率是长期存在的,并不是不变的。最低工资法、工会、效率工资的变动,以及由于信息革命引起的寻找工作过程的变动,都会影响自然失业率。因此,自然失业率将随政府政策、制度和行为的变动而变动。但是,由于政策、制度和行为的变动缓慢,因此,自然失业率的变动也是缓慢的。

28.1.3 术语与定义

为每个关键术语选择一个定义。

关键术语	定 义
_____劳动力	1. 由于求职不成功而放弃找工作的工人。
_____失业率	2. 失业率与自然失业率的背离。
_____劳动力参工率	3. 企业为了提高工人的生产率而自愿支付的高于竞争均衡工资的工资。
_____自然失业率	4. 行业或地区之间需求构成的变动。
_____周期性失业	5. 工人依照自己的爱好与技能找到合适工作的过程。
_____丧失信心的工人	6. 因工人寻找最适于自己爱好与技能的工作需要时间而引起的失业。
_____摩擦性失业	7. 失业率围绕其波动的正常失业率。
_____结构性失业	8. 劳动力占成年人口的百分比。
_____寻找工作	9. 禁止把加入工会作为就业条件的法律规定。
_____部门转移	10. 工会有组织地从企业中撤出劳动服务。
_____失业保险	11. 与雇主就工资、津贴和工作条件进行谈判的工人组织。
_____工会	12. 在工会会员岗位就业的人。
_____集体谈判	13. 支付给被解雇工人原来薪水一部分的政府计划。
_____罢工	14. 工人总数,即失业者与就业者之和。
_____局内人	15. 因某些劳动市场上可提供的工作岗位数量不足以使每个想工作的人得到一份工作而引起的失业。
_____局外人	16. 劳动力中失业者所占的百分比。
_____工作权利法	17. 工会和企业就劳动合同达成一致的过程。
_____效率工资	18. 在非工会会员岗位就业的人。

28.2 应用题与简答题

28.2.1 应用题

1. 用以下就业国的信息回答问题。人口单位是百万。

	2015 年	2016 年
人口	223.6	226.5
成年人	168.2	169.5
失业者	7.4	8.1
就业者	105.2	104.2

a. 2015 年和 2016 年的劳动力是多少？

b. 2015 年和 2016 年的劳动力参工率是多少？

c. 2015 年和 2016 年的失业率是多少？

d. 从 2015 年到 2016 年，成年人口增加了，而劳动力减少了。解释为什么会出现这种情况。

e. 如果就业国的自然失业率是 6.6%，2015 年和 2016 年的周期性失业率是多少？就业国这两年中的某一年经历了衰退吗？

2. 假设劳动市场被分割为两个不同的市场：低技能工人市场和高技能工人市场。再假设低技能工人市场的竞争均衡工资是每小时 7 美元，而高技能工人市场的竞争均衡工资是每小时 20 美元。

a. 如果最低工资定为每小时 10 美元，哪一个市场的失业量较大？用图 28-1 说明。

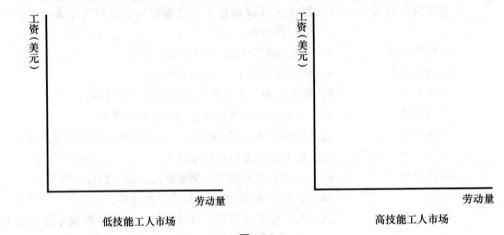

图 28-1

b. 最低工资对高技能工人市场有影响吗？为什么？

c. 你的结论与劳动市场统计数字一致吗？解释之。

d. 假设高技能工人市场中成立了工会，而且新的协议工资是每小时 25 美元。这对低技能工人市场有影响吗？解释之。

3. 回答下列关于失业构成的问题。

a. 失业的主要原因是什么？

b. 哪一种类型的失业是企业引起的？

c. 为什么企业会支付高于竞争均衡水平的工资？

d. 在美国，哪一种类型的效率工资是不可能的？为什么？

e. 摩擦性失业与其他原因造成的失业有什么不同吗？

28.2.2 简答题

1. 说出失业率不是衡量失业状况的完美指标的两个原因。

2. 解释这句话:"大多数失业是短期的,而在任何一个既定时间段所观察到的大多数失业又是长期的。"

3. 工会在哪个地方更可能提高效率而不是降低效率:是只有一个大雇主的边远小镇,还是有许多雇主的大城市? 为什么?

4. 请说出工会扩大会员与非会员之间工资差别的两种方法。

5. 哪种替代性的失业衡量方法试图将丧失信心的工人的影响纳入失业统计数字? 解释之。它是高于还是低于官方失业率? 解释原因。

6. 最低工资在会计师市场上引起的失业多吗? 为什么?

7. 即使工资处于竞争的均衡水平,哪一种类型的失业仍会出现? 为什么?

8. 失业保险如何增加了摩擦性失业?

9. 政府如何可能帮助减少摩擦性失业?

10. 以下哪一种人最可能成为长期失业者:是当汽车普及时失去工作的马鞭制造者,还是当镇上新咖啡馆开业时被解雇的侍者? 为什么?

28.3 自我测试题

28.3.1 判断正误题

_____ 1. 自然失业率是指即使长期来看也不会自行消失的失业率。

_____ 2. 如果失业率下降,我们就可以肯定,更多的工人有了工作。

_____ 3. 在第二次世界大战后的美国,女性的劳动力参工率上升,而男性的劳动力参工率下降。

_____ 4. 男性、女性、黑人、白人、青少年、成年人、老人等不同群体的失业率几乎都是相同的。

_____ 5. 最低工资对熟练工人市场的影响可能大于对非熟练工人市场的影响。

_____ 6. 工会的存在往往会提高局内人的工资,并降低局外人的工资。

_____ 7. 工会是一个劳动卡特尔。

_____ 8. 工会的拥护者认为,在某些情况下,工会可能会提高效率,因为工会降低了劳动者与管理者之间谈判的费用。

_____ 9. 效率工资与最低工资相似,因为它们都是以立法的形式要求企业支付的。

_____ 10. 支付效率工资往往会提高工人流动率,因为如果工人"跳槽",他们可以一直得到更高的工资。

_____ 11. 企业会自愿地支付高于使工人供求平衡的水平的工资,因为高工资提高了求职者的平均素质。

_____ 12. 如果工资总是处于竞争的均衡水平,就绝对不会有失业。

_____ 13. 由于"丧失信心的工人"的存在,官方失业率会高估真正的失业水平。

_____ 14. 失业保险的存在往往会降低失业率,因为失业补助的领取者不属于劳动力。

_____15. 无论什么原因,只要工资高于竞争的均衡水平,结果就是失业增加。

28.3.2 单项选择题

1. 经济中正常存在的失业量称为_____。
   - a. 效率工资失业
   - b. 摩擦性失业
   - c. 周期性失业
   - d. 自然失业率

2. 根据美国劳工统计局的规定,选择留在家中并照料家人的丈夫是_____。
   - a. 失业者
   - b. 就业者
   - c. 非劳动力
   - d. 丧失信心的工人

用下表回答第3—5题。

	人数(百万)
总人口	195.4
成年人口	139.7
失业者	5.7
就业者	92.3

3. 劳动力是_____百万人。
   - a. 92.3
   - b. 98.0
   - c. 134.0
   - d. 139.7
   - e. 以上各项都不是

4. 失业率等于_____。
   - a. 3.2%
   - b. 5.7%
   - c. 5.8%
   - d. 6.2%
   - e. 没有回答这个问题的充分信息

5. 劳动力参工率等于_____。
   - a. 47.1%
   - b. 50.2%
   - c. 65.9%
   - d. 70.2%
   - e. 以上各项都不是

6. 一位有注册会计师(CPA)证书的会计师在相当长的时间里找不到工作,以至于她不再找工作,她被认为是_____。
   - a. 就业者
   - b. 失业者
   - c. 非劳动力
   - d. 非成年人口

7. 以下哪一项表述是正确的?
   - a. 中青年女性的失业率往往与男性相似
   - b. 男性的劳动力参工率在上升
   - c. 黑人的失业率低于白人
   - d. 大多数失业是长期的,但在任何一个既定时间段内观察到的大多数失业是短期的
   - e. 以上各项都正确

8. 最低工资法往往_____。
   - a. 在高技能工作市场上引起的失业高于低技能工作市场
   - b. 在低技能工作市场上引起的失业高于高技能工作市场
   - c. 只要它设定的最低工资高于竞争的均衡工资,就对失业没有影响
   - d. 帮助了所有青少年,因为他们得到的工资高于没有最低工资时的工资

9. 工资高于竞争的均衡工资引起以下哪一种类型的失业?
   - a. 结构性失业
   - b. 周期性失业
   - c. 摩擦性失业
   - d. 部门性失业
   - e. 以上各项都不是

10. 如果由于任何一种原因,工资高于竞争的均衡工资,那么_____。
    - a. 工会很可能罢工,而且工资下降到均衡水平
    - b. 求职者的素质会下降

c. 劳动的供给量将大于劳动的需求量,并存在失业

d. 劳动的需求量将大于劳动的供给量,并存在劳动短缺

11. 以下哪一项不是领取最低工资工人的特征之一? 他们大都_____。

a. 年轻

b. 受教育不多

c. 是全职工作者

d. 从事餐饮业

12. 以下哪一项政府政策不能降低失业率?

a. 减少失业补助

b. 建立就业服务机构

c. 制订工人培训计划

d. 提高最低工资

e. 设立工作权利法

13. 部门转移会提高哪一种类型的失业?

a. 摩擦性失业

b. 结构性失业

c. 由于工会引起的失业

d. 由于效率工资引起的失业

14. 以下哪一种情况是企业支付效率工资的原因?

a. 在均衡工资时,工人往往离职去找更好的工作

b. 在均衡工资时,当老板看不见时工人就睡觉,因为工人并不十分担心被解雇

c. 在均衡工资时,只有素质最低的工人才会求职

d. 在均衡工资时,工人买不起健康的饮食,因此,在工作时由于精力不足而睡觉

e. 以上各项都是

15. 一些摩擦性失业是不可避免的,因为_____。

a. 效率工资使工资高于均衡工资

b. 最低工资法

c. 不同企业之间劳动需求的变动

d. 工会

e. 以上各项都是

16. 在以下哪一种情况下工会可以提高效率?

a. 它们把局内人的工资提高到竞争的均衡水平之上

b. 削弱了公司城里的大企业的市场势力

c. 减少了本地局外人的工资

d. 用罢工威胁,但并没有实施罢工,因此,没有减少工作时长

17. 以下哪一项关于效率工资理论的表述是正确的?

a. 企业并不能选择它们是否支付效率工资,因为这些工资是由法律决定的

b. 支付尽可能低的工资总是最有效率的(有利可图的)

c. 支付高于竞争均衡工资的工资会使工人不负责任

d. 支付高于竞争均衡工资的工资会改善工人的健康状况,降低工人流动率,提高工人的素质,并提高工人的努力程度

18. 工会会如何扩大局内人与局外人工资的差别?

a. 提高有工会部门的工资,这会引起非工会部门的工人供给增加

b. 提高有工会部门的工资,这会引起非工会部门的工人供给减少

c. 减少工会部门的工人需求

d. 增加工会部门的工人需求

19. 即使工资处于竞争均衡水平,也将存在以下哪一种类型的失业?

a. 由最低工资法引起的失业

b. 由工会引起的失业

c. 由效率工资引起的失业

d. 摩擦性失业

20. 如果失业保险非常慷慨,以至于它

支付给被解雇工人正常工资的 95%,那么_____。

a. 官方失业率也许会低估真实的失业水平

b. 官方失业率也许会高估真实的

失业水平

c. 对官方失业率没有影响

d. 摩擦性失业会下降

e. 以上各项都不对

28.4 进阶思考题

你正与室友看国内新闻。新闻主持人说:"劳工部今天公布的失业统计数字表明,失业率从6.1%上升到6.2%。这是失业率持续增加的第三个月。"你的室友说:"每个月有工作的人越来越少了。我不知道像这样的情况在我国还会持续多久。"

1. 从失业率统计数字中可以得出你室友的结论吗? 为什么?

2. 你需要什么信息来确定有工作的人是不是真的越来越少了呢?

习 题 答 案

28.1.3 术语与定义

14	劳动力	4	部门转移
16	失业率	13	失业保险
8	劳动力参工率	11	工会
7	自然失业率	17	集体谈判
2	周期性失业	10	罢工
1	丧失信心的工人	12	局内人
6	摩擦性失业	18	局外人
15	结构性失业	9	工作权利法
5	寻找工作	3	效率工资

28.2.1 应用题

1. a. 2015 年:7.4 + 105.2 = 112.6(百万)　　　2016 年:8.1 + 104.2 = 112.3(百万)

b. 2015 年:(112.6/168.2)×100% = 66.9%　　2016 年:(112.3/169.5)×100% = 66.3%

c. 2015 年:(7.4/112.6)×100% = 6.6%　　　2016 年:(8.1/112.3)×100% = 7.2%

d. 提前退休;学生学习时间更长;留在家里照料孩子的父母更多;丧失信心的工人不再找工作。

e. 2015 年:6.6% − 6.6% = 0　　　　2016 年:7.2% − 6.6% = 0.6%

在 2015 年,就业国的失业是"正常的",因此没有衰退。但是在 2016 年,失业高于正常水平(周期性失业为正),因此,就业国可能处于衰退之中。

2. a. 低技能工人市场将有失业,因为存在超额劳动供给(参看图28-2)。

b. 没有。因为竞争的均衡工资高于最低工资。

c. 一致。我们通常观察到那些年轻且无经验的低技能工人失业量较多。

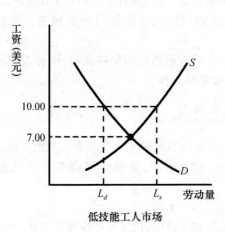
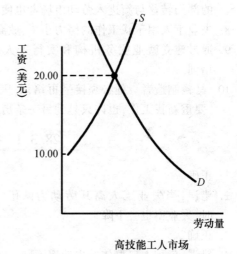

图 28-2

低技能工人市场　　　　　　高技能工人市场

d. 有。熟练工人供给过剩会使一些熟练工人流动到非熟练工人市场,这增加了非熟练工人市场的劳动供给,进一步降低了竞争的均衡工资,甚至还会引起该市场上的失业增加。

3. a. 寻找工作,最低工资,工会,效率工资。

b. 效率工资引起的失业。

c. 为了提高工人健康状况,降低工人流动率,提高工人的素质,以及提高工人的努力程度。

d. 为了提高工人健康状况的效率工资,因为美国工人的工资远远高于只能糊口的水平。

e. 摩擦性失业即使在工资处于竞争的均衡水平的情况下也存在。

28.2.2 简答题

1. 一些人声称要找工作只是为了得到失业补助,或者已经"暗中"得到支付。另一些人是丧失信心的工人,由于求职不成功而不再找工作。

2. 许多人的失业是短期的。少数人的失业是相当长期的。

3. 在一个边远小镇中,如果只有一个有市场势力的公司,它可以把工资压到竞争的均衡水平之下。这可能需要有组织的工会来与之抗衡。

4. 工会使有工会的部门的工资提高到竞争的均衡水平之上。有工会的部门的一些失业者流动到非工会部门,这增加了劳动供给,并降低了非工会部门的工资。

5. U4。它是总失业人数与丧失信心的工人数之和占城市劳动力与丧失信心的工人数之和的百分比。它略高于官方失业率,因为它包括一些放弃寻找工作并已不属于劳动力的无工作人口。

6. 不多,因为会计师的竞争均衡工资高于最低工资,从而最低工资对会计师没有约束性限制。

7. 摩擦性失业,因为即使工资处于竞争的均衡水平,工作匹配也需要时间。此外,不停的部门转移与新进入劳动市场者也使一些摩擦性失业不可避免。

8. 失业工人用于找工作的努力小了,放弃无吸引力的工作,并且不太担心工作保障。

9. 通过建立就业服务机构和实行工人培训计划可以对收缩部门的解雇工人进行再培训。

10. 马鞭制造者。他必须接受再培训,因为马鞭制造业的收缩是持久的;而侍者只是需要重新找工作,也许只是到另一条街上的咖啡馆工作。

28.3.1 判断正误题

1. 正确。

2. 错误;当失业工人离开劳动力队伍时,失业率也会下降。

3. 正确。

4. 错误;各种人口群体的失业率不同。

5. 错误;最低工资对低工资工人的影响更大。

6. 正确。

7. 正确。

8. 正确。

9. 错误;效率工资由企业自愿支付。

10. 错误;效率工资降低了工人的流动率。

11. 正确。

12. 错误;仍然存在摩擦性失业。

13. 错误;官方失业率会低估真正的失业水平。

14. 错误;失业保险提高了失业率,因为它增加了摩擦性失业。

15. 正确。

28.3.2 单项选择题

1. d 2. c 3. b 4. c 5. d 6. c 7. a 8. b 9. a 10. c
11. c 12. d 13. a 14. e 15. c 16. b 17. d 18. a 19. d 20. b

28.4 进阶思考题

1. 不能。失业率是失业人数占劳动力的百分比。如果劳动力增加(新毕业生、家庭主妇与家庭主夫进入劳动力队伍),而且劳动力中的新成员很少有人找到工作,那么失业率就会上升,但就业人数仍然不变或者增加。

2. 就业者是劳动力的一部分,你可以直接得到有关就业者人数的信息。

第 *10* 篇　　长期中的货币与物价

第 29 章
货币制度

目　标

在本章中你将

- 考虑什么是货币以及货币在经济中的各种职能
- 了解什么是联邦储备体系
- 考察银行体系如何有助于决定货币供给
- 理解联邦储备体系是用什么工具来改变货币供给的

效　果

在实现这些目标之后,你应该能

- 定义货币并列出货币的三种职能
- 解释美联储在货币创造中的作用
- 解释部分准备金银行体系中的货币乘数
- 列出并解释美联储用于改变货币供给的工具

29.1 本章概述

29.1.1 本章复习

如果没有货币这种东西,人们就不得不依赖物物交换。当人们用一些物品与服务直接交换另一些物品与服务时就是物物交换。物物交换要求存在欲望的双向一致性。为了进行交易,每个交易者都必须有另一方想要的东西——这是一件不可能的事情。货币的存在方便了生产与交易,使人们可以专门从事自己最擅长的事,并提高了生活水平。

1. 货币的含义

货币是人们通常用于购买物品与服务的一组资产。这就是说,货币是某个人可以用于直接支出或交换物品与服务的那部分财富。

货币的三种职能是:

- 货币可以作为**交换媒介**,因为货币是买者向卖者购买物品与服务时最为广泛接受的资产。

- 货币可以作为**计价单位**,因为货币是人们用来表示价格和记录债务的标准。

- 货币可以作为**价值储藏手段**,因为人们可以用货币把现在的购买力转变为未来的购买力。其他类型的财富——股票、债券、稀有的艺术品——可能是更好的价值储藏手段,但它们的流动性不如货币好。**流动性**是把一种资产转换为交换媒介的容易程度。货币是流动的,但当物价上升时货币会贬值。稀有艺术品的价值往往随通货膨胀而上升,但它的流动性小得多。

货币可以分为两种基本类型——商品货币和法定货币。

- **商品货币**是具有内在价值的货币。这就是说,它具有独立于货币用途的价值。黄金、白银以及战俘营中的香烟都是商品货币的例子。当一个国家把黄金作为货币时,它就是实行金本位制。

- **法定货币**是没有内在价值的货币。它是由政府法定或规定的货币。纸币是法定货币的一个例子。

当我们衡量货币量(有时称为货币存量)时,我们应该明确地包括**通货**(公众手中持有的纸币和铸币)以及**活期存款**(可以用支票随时提取的银行账户余额),因为这些资产是交换媒介。但是,储蓄余额可以很容易地转变为支票;其他较受限制的支票账户,比如货币市场共同基金,提供了某种程度的可支出性。在一个具有复杂金融体系的经济中,区分作为货币的资产和不作为货币的资产是困难的。由于这一原因,在美国有两种货币存量衡量指标,如下所示:

- M1:通货、活期存款、旅行支票和其他支票存款。

- M2:M1、储蓄存款、小额定期存款、货币市场共同基金和几种不重要的项目。

就本书的目的而言,我们把通货和可支出的存款看做美国的货币。

信用卡不计入货币存量之中,因为它并不是一种支付方式,只是一种延期支付方式。借记卡类似于电子支票,因为货币可以从买者账户上直接转移到卖者账户上。因此,这一价值已经包含在账户余额中了。

与美国的人口规模相比,流通中的通货量非常大。其中很大一部分通货很可能在海外流通或由犯罪集团使用。

2. 联邦储备体系

联邦储备局(美联储)是美国的中央银行。**中央银行**是为监管银行体系和调节经济中的货币量而设计的机构。

美联储是在1913年创立的,起因于1907年一系列的银行倒闭。美联储由其理事会管理,理事会由7位由总统任命并经参议院确认的理事组成。理事会理事任期14年,以使他们免受政治压力的影响。理事会7位理事中的1位由总统任命为主席,任期4年。美联储由华盛顿特区的联邦储备理事会和12家地区联邦储备银行组成。

美联储有两项主要工作:

* 监管银行并确保银行体系的健康运行。美联储监测每一家银行的财务状况并帮助结算支票。在危机中,当银行发现自己现金短缺时,美联储可以充当银行的最后贷款者。

* 控制经济中的货币量(称为**货币供给**)。美联储关于货币供给的决策称为**货币政策**。

美联储的货币政策部门是联邦公开市场委员会(FOMC)。在FOMC中有12位有投票权的成员——7位理事会理事加12个地区银行总裁中的5位。投票权由12个地区银行轮流享有。FOMC大约每6周开一次会,讨论经济状况并就货币政策的变动投票表决。

美联储主要通过公开市场操作改变货币供给。**公开市场操作**是指美联储在公开的债券市场上买卖政府债券(联邦公开市场委员会因此而得名)。

* 为了增加货币供给,美联储创造美元并用它们购买政府债券。在交易之后,公众手中的美元就增加了,因而货币供给增加了。

* 为了减少货币供给,美联储向公众出售政府债券。在交易之后,公众手中的美元减少了,因而货币供给也减少了。

改变货币供给在长期中会改变通货膨胀,在短期中会改变就业和产出。

3. 银行与货币供给

回想一下,公众可以以通货或活期存款形式持有自己的货币。由于这些存款存放在银行,所以银行的行为就影响货币供给。这使美联储控制货币供给的任务复杂化。

我们可以通过以下三种情况说明银行对货币供给的影响:

* 假设没有银行。这时通货就是唯一的货币。如果有1000美元通货,就有1000美元货币。

* 假设存在百分之百准备金银行制。银行得到但没有贷出去的存款称为**准备金**。在百分之百准备金银行制下,银行是储藏货币的安全地方,但银行不是贷者。如果公众把其全部1000美元通货存入银行1中,记录银行1资产和负债变动的T型账户就如下所示:

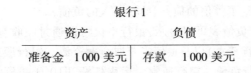

银行1

资产	负债
准备金　1000美元	存款　1000美元

银行1有1000美元负债,因为它要偿还储户的1000美元存款。它有1000美元资产,因为它在金库中有1000美元现金准备金。由于公众持有的通货减少了1000美元,而公众持有的存款增加了1000美元,因此货币供给并不受影响。如果银行以准备金形式持有所有存款,银行对货币供给就没有影响。

- 假设存在部分准备金银行制。由于在任何既定的一天中只有少数人要求提取他们的存款,因此,银行1不需要把1 000美元存款都作为现金准备金持有。它可以把1 000美元中的一部分贷出去,只把剩下的作为准备金。这称为**部分准备金银行制**。作为准备金持有的存款比率称为**准备金率**。美联储设定最低准备金率,称为法定准备金率。假设银行1的法定准备金率为10%,这就意味着它需要把存款的10%作为准备金,并可以把其他存款贷出去。它的T型账户变为:

銀行1

资产		负债	
准备金	100美元	存款	1 000美元
贷款	900美元		

银行1创造出了货币,因为它仍然持有1 000美元存款,但现在一个债务人持有900美元通货。当银行只把一部分存款作为准备金时,银行创造了货币。

这个故事并不完整。假设900美元的债务人支出这笔钱,而得到这900美元的人把它存入银行2。如果银行2的准备金率也为10%,它的T型账户就变成:

銀行2

资产		负债	
准备金	90美元	存款	900美元
贷款	810美元		

银行2通过它的贷款活动又创造出了810美元。每一次货币存入银行且银行把其中一部分贷出去时,银行就创造了更多的货币。

如果这个过程永远持续下去,银行体系由原来的1 000美元创造的货币总量就是1 000美元+900美元+810美元+729美元+…=10 000美元(在这个例子中,每次贷款金额都是前一次贷款金额的90%)。

银行体系用1美元准备金所创造的货币量称为**货币乘数**。货币乘数是准备金率的倒数。如果R是准备金率,那么货币乘数就是$1/R$。在以上描述的例子中,货币乘数是1/0.10,即10。因此,从原来1 000美元存款中创造出的1 000美元新准备金就可以创造总计10 000美元的存款。准备金率越低,同样准备金量时的贷款量越高,从而货币乘数越大;准备金率越高,货币乘数越小。

部分准备金银行制并没有创造出净财富,因为当一个银行贷出准备金时,它创造了货币(某人的资产),但它也创造了等值的债务合同(某人的负债)。

更为详细的银行资产负债表可以显示,银行不仅可以通过吸收存款来获取金融资源,还可以通过发行股票(即**银行资本**)以及负债来获取金融资源。银行股东的股本价值或银行资本,等于银行资产减去银行负债。银行通常会运用**杠杆**,即出于投资目的把借来的钱用于弥补现有资金的不足。**杠杆率**等于银行总资产和银行资本之比,杠杆会放大银行资产变化对银行资本的影响。因此,银行资产增加一个很小的比率就会引起银行资本很大比率的增加;反之,银行资产下降一个很小的比率也会引起银行资本很大比率的下降。一旦银行资产低于负债,则银行将面临破产。为了避免这一点,监管者对银行实施了**资本需要量**的限制。2008年和 2009 年,抵押贷款损失使银行资本出现短缺,银行不得不减少贷款数量,这导致了经济活动的严重萎缩。

4. 美联储控制货币的工具

美联储通过影响存款准备金的数量和存款准备金率来间接控制货币供给量。回想一下,存款准备金率会影响货币乘数。

美联储通过公开市场操作和直接向银行贷款来影响存款准备金的数量。

- 公开市场操作:回想一下,当美联储向公众购买政府债券时,它用美元支付这种购买就增加了流通中的美元。作为通货被持有的每 1 美元都增加了 1 美元的货币供给。存入银行的每 1 美元都增加了银行准备金,从而按某个乘数增加了货币供给。当美联储出售政府有价证券时,就减少了流通中的美元并减少了银行的准备金。这就减少了贷款,并进一步减少了货币供给。公开市场操作很容易用于实现或大或小的货币供给量调整。因此,它是美联储的日常工具。

- 美联储向银行贷款:当美联储把存款准备金借给银行时,银行系统可以贷出更多款进而创造更多的货币。一般来说,美联储通过改变贴现率进而影响它在贴现窗口的贷款。**贴现率**是指美联储在向银行贷款时收取的利率。当美联储提高贴现率时,银行会减少向美联储借准备金,货币供给减少;当美联储降低贴现率时,银行会向美联储借更多的准备金,货币供给增加。从 2007 年到 2010 年,美联储通过短期拍卖工具贷款,美联储设定可贷款的额度,银行通过贷款竞标确定利率。短期拍卖工具增加了准备金和货币供给,也使需要金融支持的银行在金融危机时可以得到资金。

美联储通过法定准备金和支付准备金利息来影响准备金率。

- 法定准备金:**法定准备金**规定了银行的最低准备金率。法定准备金增加降低了货币乘数,并减少了货币供给;法定准备金减少提高了货币乘数,并增加了货币供给。美联储很少改变法定准备金,因为法定准备金变动会干扰银行的业务活动。例如,法定准备金增加立即限制了银行贷款。另外,当银行持有超额准备金时,这种方法可能是无效的。

- 支付准备金利息:当美联储提高银行在美联储的存款准备金利率时,银行持有了更多的准备金,这将提高存款准备金率,降低货币乘数,并减少货币供给。

美联储对货币供给的控制并不精确,这是因为:

- 美联储无法控制人们选择是把货币作为存款持有还是作为通货持有。当公众把他们更多的通货存入银行时,银行准备金增加,从而货币供给增加。

- 美联储无法控制银行贷出的准备金量。法定准备金规定了最低准备金率,但银行可以持有超额准备金——超出法定准备金的准备金。如果银行增加了它们的超额准备金,贷款就会减少,从而货币供给减少。

在存在存款保险之前,如果储户担心银行用他们的存款发放了不可靠的贷款,并且银行可能会破产,他们就会"挤到"银行去提取他们的存款,这被称为"银行挤兑"。在部分准备金制度下,只有少数储户可以立即收回他们的货币。这种行为由于以下两个原因而引起货币供给减少:第一,人们通过提取银行存款增加了自己的通货持有量,这减少了准备金、银行贷款以及货币供给。第二,银行担心储户提取存款而持有超额准备金,这进一步减少了贷款和货币供给。由于有了联邦存款保险公司(FDIC),这不再是一个问题。此外,美联储每周收集准备金和存款的数据,从而可以发现储户和银行行为的变化。

联邦基金利率是银行间相互提供短期贷款时所收取的利率。当美联储想要降低联邦基金利率时,它就会在公开市场操作中买入政府债券,从而提供更多的银行准备金,货币供给随之增加。当美联储提高联邦基金利率时,货币供给减少。

29.1.2 有益的提示

(1) 法定货币由于人为的稀缺性而维持其价值。黄金有价值既是因为人们由于其内在价值而想要它,也是因为它本来就是稀缺的(炼金术从未能创造出黄金)。但是,法定货币可以廉价且轻而易举地生产出来。因此,法定货币只能由生产者的自我限制来维持其价值。如果说美元是一种高质量的价值储藏手段,那是因为美元难以伪造,以及美联储对美元生产的自我限制。

(2) 只能把非银行公众手中的美元纸币作为"通货"。当经济学家用"通货"这个词时,是指"非银行公众手中的通货"。当你把通货存入银行时,现在你拥有存款,而你的美元纸币现在是银行的"准备金"。非银行公众手中的通货减少,然而存款等量增加。在这时,货币供给未变,因为货币是(非银行公众手中的)通货和存款之和。

(3) 用语言最容易解释货币乘数。如果我们用语言来说明准备金、存款和乘数之间的关系,就能弄清这种关系。由于部分准备金制度意味着"准备金是存款的一个百分比",因此我们可以得出"存款是准备金的某个倍数"。例如,如果准备金是存款的 1/5(或者 20%),那么存款就是准备金的 5 倍(或者 1/0.20)。由于存款实际上会由于银行贷出一部分准备金而扩大,因此,我们根据"存款是准备金的某个倍数"来思考是最有用的。

(4) 记住公开市场操作影响的简便方法是问自己"谁支付了"。当美联储向公众购买政府债券时,美联储用"新美元"支付,因此,货币供给扩大了。当美联储出售政府债券时,公众用美元支付,即美联储"收回"了美元。这就是说,当美联储收到公众支付的美元时,这些美元不复存在了。要注意的是,当美联储出售债券时,它并不是在"发行"债券,它只是出售以前由美国政府发行的已存在的债券。

29.1.3 术语与定义

为每个关键术语选择一个定义。

关键术语	定 义
_____货币	1. 只把部分存款作为准备金的银行制度。
_____交换媒介	2. 公众手中持有的纸币和铸币。
_____计价单位	3. 货币用于把购买力转移到未来的职能。
_____价值储藏手段	4. 美联储向银行发放贷款时收取的利率。
_____流动性	5. 银行资产与银行资本的比率。
_____商品货币	6. 货币作为表示价值和记录债务的标准的职能。
_____法定货币	7. 以有内在价值的商品为形式的货币。
_____通货	8. 美国的中央银行。
_____活期存款	9. 在物品与服务交易中被普遍接受的一组资产。
_____联邦储备局(美联储)	10. 作为准备金持有的存款比率。
_____中央银行	11. 银行间隔夜拆借利率。
_____货币供给	12. 经济中的货币量。

_____货币政策	13.	没有内在价值的货币。
_____准备金	14.	货币用于购买物品与服务的职能。
_____部分准备金银行制	15.	美联储对美国政府债券的买卖。
_____准备金率	16.	银行得到但没有贷出的存款。
_____货币乘数	17.	银行必须作为准备金持有的最低法定的存款百分比。
_____银行资本	18.	中央银行关于货币供给的决策。
_____杠杆	19.	可以随时用支票获得的银行账户余额。
_____杠杆率	20.	银行体系用1美元准备金创造的货币量。
_____资本需要量	21.	将借到的钱追加到用于投资的现有资金上。
_____公开市场操作	22.	为了监管银行体系和调节货币供给而设计的一个机构。
_____法定准备金	23.	一种资产转换为经济中交换媒介的容易程度。
_____贴现率	24.	银行的所有者向该机构投入的资源。
_____联邦基金利率	25.	政府监管部门确定的银行最低资本量。

29.2 应用题与简答题

29.2.1 应用题

1. 假设美联储向你购买了 10 000 美元的美国政府债券。

　a. 如何称呼美联储的这一行为？

　b. 假设你在第一学生银行存了 10 000 美元，请在第一学生银行的 T 型账户上列出这笔交易。

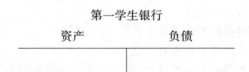

　c. 假设法定准备金率是 20%。如果第一学生银行是能贷出多少就贷出多少，请表示它的 T 型账户。

　d. 在这一时点，美联储的政策行为创造出了多少货币？

　e. 货币乘数的值是多少？

　f. 在无限轮的存款和贷款之后，美联储的政策行为能创造出多少货币？

　g. 如果在各轮存款与贷款中一些人保留了额外的通货而没有把自己得到的全部存入银行，则美联储的政策行为所创造出的货币比你在问题 f 中算出的结果是多了还是少了？为什么？

h. 如果在各轮存款与贷款中银行没有贷出所允许的最大准备金量而是持有超额准备金,则美联储的政策行为所创造出的货币比你在问题 f 中算出的结果是多了还是少了?为什么?

2. 假设整个经济有 1 000 美元的面值为 1 美元的钞票。

    a. 如果人们一点也没有把美元存入银行,而是把这 1 000 美元全作为通货持有,那么货币供给有多少?解释之。

    b. 如果人们把 1 000 美元钞票全部存入要求 100% 法定准备金的银行,那么货币供给有多少?解释之。

    c. 如果人们把 1 000 美元钞票全部存入要求 20% 法定准备金的银行,那么货币供给有多少?解释之。

    d. 在问题 c 中,由银行创造的货币供给是多少?(提示:已经存在 1 000 美元钞票。)

    e. 如果人们把 1 000 美元钞票全部存入要求 10% 法定准备金的银行,那么货币供给会变为多少?

    f. 比较你对问题 e 和 c 的答案,并解释为什么它们会不同。

    g. 如果人们把 1 000 美元钞票全部存入要求 10% 法定准备金的银行,但银行选择另外持有 10% 的超额准备金,那么货币供给会变为多少?

    h. 比较你对问题 c 和 g 的答案。这两个答案相同吗?解释之。

29.2.2　简答题

1. 什么是物物交换?为什么它限制了交易?

2. 货币的三种职能是什么?

3. 两种基本货币类型是什么?

4. 在美国明确归入货币的两种主要资产是什么?它们与其他资产有什么不同?(即给货币下定义。)

5. 美联储的两项主要工作是什么?

6. 美联储的货币政策工具都有什么?

7. 如果美联储希望扩大货币供给,那么它应该如何调整第 6 题中描述的各种政策工具?

8. 如果美联储从你手中购买了 1 000 美元的政府债券,并且你把这 1 000 美元全部作为通货留在家里,那么货币供给增加了多少?

9. 如果美联储从你手中购买了 1 000 美元的政府债券,你把这 1 000 美元全部作为活期存款存入银行,而且银行要求 10% 的法定准备金,那么货币供给增加了多少?

10. 假设准备金率是 20%。如果你在第一银行账户上开了一张支票,并向你的室友购买了 1 000 美元的政府债券,而且你的室友把这 1 000 美元存入她在第二银行的账户上,那么货币供给有多大的变动?

11. 假设没有存款保险。假设流言四起,说银行发放了许多不良贷款,且无力偿还储户。你预期储户和银行会做什么?其行为对货币供给会有什么影响?

12. 如果美联储希望降低联邦基金利率,它必须在公开市场上如何操作和改变货币供给?

29.3 自我测试题

29.3.1 判断正误题

_____ 1. 货币和财富是等价的。

_____ 2. 法定货币是在意大利使用的货币。

_____ 3. 商品货币的价值与其作为货币的用途无关。

_____ 4. 货币供给 M1 由通货、活期存款、旅行支票以及其他支票存款组成。

_____ 5. 当你愿意今天晚上带着钱包里的 100 美元去睡觉,而且你确信明天你可以花掉这笔钱并得到与你今天花这笔钱得到同样多的物品时,货币表现出它作为交换媒介的职能。

_____ 6. 货币有三种职能:交换媒介、计价单位,以及防止通货膨胀。

_____ 7. 信用卡是货币供给 M2 的一部分,并按持卡人的最大信用额度来估价。

_____ 8. 美联储是美国的中央银行,它由理事会的 7 位理事管理。

_____ 9. 联邦公开市场委员会(FOMC)大约每 6 周开一次会,讨论经济状况并就货币政策的变动投票表决。

_____ 10. 如果存在百分之百准备金银行制,那么货币供给不受公众选择以通货或存款持有的货币比例的影响。

_____ 11. 如果美联储购买了 100 000 美元的政府债券,并且法定准备金率是 10%,那么货币供给的最大增加量就是 10 000 美元。

_____ 12. 如果美联储想紧缩货币供给,那么它可以做下面的任何一件事:出售政府债券、提高法定准备金率以及提高贴现率。

_____ 13. 如果美联储出售了 1 000 美元政府债券,并且法定准备金率是 10%,那么存款会减少 10 000 美元。

_____ 14. 法定准备金率提高增加了货币乘数,并增加了货币供给。

_____ 15. 如果银行选择持有超额准备金,则贷款减少,货币供给减少。

29.3.2 单项选择题

1. 以下哪一项不是货币的职能?
   a. 计价单位
   b. 价值储藏手段
   c. 防止通货膨胀
   d. 交换媒介

2. 货币供给 M1 包括
   a. 通货、活期存款、旅行支票及其他支票账户
   b. 通货、活期存款、储蓄存款、货币市场共同基金及小额定期存款

   c. 通货、政府债券、黄金存托凭证及铸币
   d. 通货、附息支票账户、储蓄账户及政府债券
   e. 以上各项都不是

3. 以下哪一个是法定货币的例子?
   a. 黄金
   b. 美元纸币
   c. 银币
   d. 战俘营中的香烟

4. 联邦储备理事会包括_____。
   a. 由参议院任命的 7 名理事和由总统任命的 7 名理事
   b. 由联邦储备银行选出的 7 名理事
   c. 由参议院任命的 12 名理事
   d. 由总统任命的 7 名理事
   e. 由总统任命的 5 名理事和联邦储备银行 7 名轮值的总裁

5. 商品货币_____。
   a. 没有内在价值
   b. 有内在价值
   c. 只能在美国使用
   d. 作为支持法定货币的准备金使用

6. 为了使美联储摆脱政治压力,_____。
   a. 理事由公众选举
   b. 理事终身任职
   c. 理事会由参议院银行委员会监督
   d. 理事任期 14 年

7. 以下哪一种表述是正确的?
   a. FOMC 每年开一次会讨论货币政策
   b. 美联储在 1871 年因内战而创立
   c. 当美联储出售政府债券时,货币供给减少
   d. 货币政策的主要工具是法定准备金

8. 银行的法定准备金是以下哪一项的一个固定百分比?
   a. 贷款
   b. 资产
   c. 存款
   d. 政府债券

9. 如果法定准备金率是 25% ,货币乘数的值是_____。
   a. 0.25
   b. 4
   c. 5
   d. 25
   e. 以上各项都不是

10. 美联储的以下哪一种政策行为能增加货币供给?
    a. 降低法定准备金率
    b. 出售政府债券
    c. 提高贴现率
    d. 提高准备金利率
    e. 以上各项都增加了货币供给

11. 假设 Joe 把在 A 银行的 1 000 美元活期存款转到 B 银行。如果法定准备金率是 10% ,那么由于 Joe 的行为,活期存款的潜在变动是多少?
    a. 1 000 美元
    b. 9 000 美元
    c. 10 000 美元
    d. 0 美元

12. 法定准备金减少引起_____。
    a. 准备金增加
    b. 准备金减少
    c. 货币乘数提高
    d. 货币乘数下降
    e. 以上各项都不是

13. 贴现率是_____。
    a. 美联储向准备金支付的利率
    b. 美联储向银行发放贷款收取的利率
    c. 银行向公众存款支付的利率
    d. 当公众向银行借款时支付的利率
    e. 银行向短期拍卖工具支付的利率

14. 以下哪一种政策组合会一致地起到增加货币供给的作用?
    a. 出售政府债券,降低法定准备金率,降低贴现率
    b. 出售政府债券,提高法定准备金率,提高贴现率
    c. 购买政府债券,提高法定准备金率,降低贴现率
    d. 购买政府债券,降低法定准备金率,降低贴现率
    e. 以上各项都不是

15. 假设美联储购买了你 1 000 美元的政府债券。如果你把这 1 000 美元全部存入银行，且法定准备金率是 20%，那么美联储的行为会引起货币供给总量多大的潜在变动？
    a. 1 000 美元
    b. 4 000 美元
    c. 5 000 美元
    d. 0 美元

16. 假设所有银行都维持百分之百准备金率。如果一个人把 1 000 美元通货存入一个银行，那么_____。
    a. 货币供给不受影响
    b. 货币供给的增加大于 1 000 美元
    c. 货币供给的增加小于 1 000 美元
    d. 货币供给的减少大于 1 000 美元
    e. 货币供给的减少小于 1 000 美元

17. 如果美联储进行公开市场购买，同时提高法定准备金率，那么_____。
    a. 货币供给将增加
    b. 货币供给将减少
    c. 货币供给将保持不变
    d. 我们无法确定货币供给将会发生什么变动

18. 下列关于银行资产负债表的说法正确的是哪一个？
    a. 银行资本的增加会提高杠杆率。
    b. 资产减去负债等于所有者权益或资本
    c. 银行资产负债表中最大的负债是贷款
    d. 因为银行是高杠杆的，所以资产的大额变动对资本的影响很小
    e. 以上说法都不正确

19. 美联储的货币控制工具包括_____。
    a. 政府支出、税收、法定准备金以及利率
    b. 货币供给、政府购买以及税收
    c. 铸币、通货、活期存款以及商品货币
    d. 公开市场操作、向银行贷款、法定准备金以及为准备金支付利息
    e. 法定货币、商品货币以及存款

20. 如果银行增加其持有的超额准备金，那么_____。
    a. 货币乘数和货币供给都将下降
    b. 货币乘数和货币供给都将上升
    c. 货币乘数下降，货币供给上升
    d. 货币乘数上升，货币供给下降

29.4 进阶思考题

假设你是珍妮特·耶伦(这本学习指南出版时的联邦储备理事会主席)的私人朋友。她到你家吃午饭，并注意到你家的沙发。耶伦女士深为沙发的漂亮所震撼，以至于她马上想为自己的办公室添置这个沙发。耶伦女士以 1 000 美元购买了你的沙发，由于是为自己办公室买的，因此，她用纽约联邦储备银行开出的支票向你支付。

1. 经济中的美元比以前多了吗？为什么？
2. 你认为为什么当美联储想改变货币供给时，它不买卖沙发、不动产等，而是买卖政府债券？
3. 如果美联储在购买新家具时不想增加货币供给，那么它应该用什么行为来抵消这种购买？

习　题　答　案

29.1.3　术语与定义

9	货币	16	准备金
14	交换媒介	1	部分准备金银行制
6	计价单位	10	准备金率
3	价值储藏手段	20	货币乘数
23	流动性	24	银行资本
7	商品货币	21	杠杆
13	法定货币	5	杠杆率
2	通货	25	资本需要量
19	活期存款	15	公开市场操作
8	联邦储备局(美联储)	17	法定准备金
22	中央银行	4	贴现率
12	货币供给	11	联邦基金利率
18	货币政策		

29.2.1　应用题

1. a. 公开市场操作。

   b.

第一学生银行

资产	负债
准备金　10 000 美元	存款　10 000 美元

   c.

第一学生银行

资产	负债
准备金　2 000 美元	存款　10 000 美元
贷款　　8 000 美元	

   d. 10 000 美元 + 8 000 美元 = 18 000 美元。

   e. 1/0.2 = 5。

   f. 10 000 美元 × 5 = 50 000 美元。

   g. 少了,因为每次贷款额的更小一部分被再次存入银行,从而可用于下一次贷款的额度减少。

h. 少了,因为每次存款额的更小一部分被贷出,从而可用于下一次存款的额度减少。

2. a. 1 000美元,因为有1 000美元通货和零存款。

   b. 1 000美元,因为现在有零通货和1 000美元存款。

   c. 1 000美元×(1/0.2) =5 000美元,因为1 000美元新准备金可以支撑价值5 000美元的存款。

   d. 总的潜在增加量是5 000美元,但1 000美元是体系中已有的通货。因此,银行创造出来的货币供给为4 000美元。

   e. 1 000美元×(1/0.1) =10 000美元。

   f. 当法定准备金率下降时,银行可以用等量的新准备金创造出更多货币,因为它们可以把每笔新存款中更大的部分贷出去。

   g. 1 000美元×1/(0.1 +0.1) =5 000美元。

   h. 是的,它们是相同的。就存款创造而言,银行为什么持有准备金无关紧要,它持有多少准备金才至关重要。

29.2.2　简答题

1. 物物交换是直接将物品与服务交换为其他物品与服务。它要求欲望的双向一致性。
2. 交换媒介、计价单位以及价值储藏手段。
3. 商品货币和法定货币。
4. 通货和活期存款。它们是可以直接支出的资产,在物品与服务贸易中被普遍接受。
5. 监管银行并保证银行体系正常运行,以及控制经济中的货币量。
6. 公开市场操作、美联储向银行贷款、法定准备金以及美联储为银行准备金支付利息。
7. 购买美国政府债券,通过降低贴现率来贷给银行更多的准备金或者通过短期拍卖工具提供更多的贷款,降低法定准备金率,以及降低为准备金支付的利息。
8. 1 000美元。
9. 1 000美元×(1/0.1) =10 000美元。
10. 货币供给将完全不变。在这种情况下,准备金只是从一个银行转移到另一个银行。
11. 储户将提取他们的存款从而减少银行的准备金。银行将试图持有超额准备金,以应对存款的提取。这两者都会减少银行贷款和货币供给。
12. 美联储必须购买债券,这样既向银行体系注入了准备金,同时也增加了货币供给。

29.3.1　判断正误题

1. 错误;货币是一个人财富中可支出的那一部分。
2. 错误;法定货币是没有内在价值的货币。
3. 正确。
4. 正确。
5. 错误;货币表现出它作为价值储藏手段的职能。

6. 错误;价值储藏手段,而不是防止通货膨胀。
7. 错误;信用卡不包括在货币供给中。
8. 正确。
9. 正确。
10. 正确。
11. 错误;货币供给的最大增加量是100 000美元×(1/0.1) =1 000 000

美元。

12. 正确。

13. 正确。

14. 错误；法定准备金率的提高降低了货币乘数，从而减少了货币供给。

15. 正确。

29.3.2 单项选择题

1. c 2. a 3. b 4. d 5. b 6. d 7. c 8. c 9. b 10. a
11. d 12. c 13. b 14. d 15. c 16. a 17. d 18. b 19. d 20. a

29.4 进阶思考题

1. 是的。当美联储购买任何东西时，它用新创造的美元支付，经济中就有了更多美元。

2. 因为交易成本和储藏成本是不确定的。此外，物品的价值是不确定的。而政府债券的公开市场操作要有效得多。

3. 美联储可以出售等值的政府债券来抵消其他购买。

第30章
货币增长与通货膨胀

目　标

在本章中你将

- 了解为什么货币供给的迅速增长会引起通货膨胀的后果
- 知道古典二分法和货币中性的含义
- 说明为什么一些国家会发行如此之多的货币, 以致它们遭受了超速通货膨胀之苦
- 考察名义利率如何对通货膨胀率作出反应
- 考虑通货膨胀可能给社会带来的各种成本

效　果

在实现这些目标之后, 你应该能

- 用数量方程式说明货币和物价之间的联系
- 解释为什么货币在长期中不影响真实经济变量
- 解释通货膨胀税的概念
- 说明名义利率、真实利率与通货膨胀率之间的关系
- 解释当通货膨胀率出乎意料地上升时, 在一笔贷款合同中谁受益、谁受损

30.1 本章概述

30.1.1 本章复习

通货膨胀是物价总水平的上升;**通货紧缩**是物价总水平的下降;**超速通货膨胀**是极高的通货膨胀。不同时期和不同国家的通货膨胀有着极大差别。在本章中,我们要解决两个问题:什么引起通货膨胀,以及为什么通货膨胀会成为一个问题。对第一个问题的回答是,当政府发行太多的货币时就引起了通货膨胀。对第二个问题的回答要求更多的思考,并将集中在本章的后半部分中进行。

1. 古典通货膨胀理论

这一节提出并运用了作为对物价水平和通货膨胀的一种解释的**货币数量论**。

当物价上升时,很少是因为物品更值钱了,而是因为用于购买物品的货币更不值钱了。因此,通货膨胀更多的是关于货币价值的,而不是关于物品价值的。物价总水平上升相当于货币价值同比例下降。如果 P 是物价水平(用货币衡量的物品与服务的价值),那么 $1/P$ 就是用物品和服务衡量的货币的价值。如果物价翻一番,那么货币的价值就下降到以前价值的一半。

货币的价值由货币的供求决定。如果我们不考虑银行体系,那么美联储就直接控制货币供给。货币需求反映了人们想以流动性形式持有的财富量。货币需求有许多决定因素,在长期中,有一种因素是决定性的,那就是物价水平。人们持有货币是因为它是交换媒介。如果物价上升了,同样的交易就需要更多的货币,货币需求量就增加了。

货币市场均衡需要货币的供求平衡。图 30-1 显示了货币供给为 MS_1 时的货币均衡(A 点)。回想一下,用物品与服务衡量的货币价值是 $1/P$。当货币价值高时,物价水平就低,货币需求量也低。因此,图中的货币需求曲线向右下方倾斜。由于美联储固定了货币量,因此货币供给曲线是垂线。在长期中,物价总水平要调整到使货币需求量等于货币供给量。

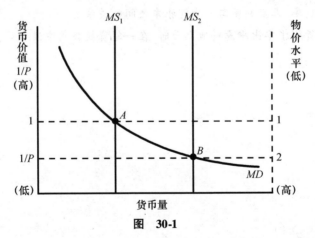

图 30-1

如果美联储使经济中的货币量增加一倍,从 MS_1 增加到 MS_2。在原来的物价水平上,现在就存在超额货币供给。由于人们现在持有的货币比他们想要的多,他们就通过买东西——物品与服务或债券——来使自己摆脱超额货币供给。即使人们购买债券(贷出货币),债券发行者(债务人)也将得到这些货币并购买物品与服务。无论哪一种方法,货币注入都增加了对物品与服务的需求。由于经济生产物品与服务的能力没有变,对物品与服务的需求的增加就提高了物价水平。物价水平将持续上升(货币价值将下降),直到货币需求量增加到货币供给量的水平(B 点)。这就是说,物价水平要调整到使货币供给与货币需求相等。因此,货币数量论的结论是:(1) 经济中的货币量决定物价水平(以及货币的价值);(2) 货币供给增加提高了物价水平,这意味着,货币供给增长引起通货膨胀。

古典二分法认为经济变量可以分为两个类型——**名义变量**(用货币单位衡量的变量)和**真实变量**(用实物单位衡量的变量)。虽然价格是名义变量,但相对价格是真实变量。例如,你每小时收入与糖果棒价格的比率是用每小时糖果棒衡量的真实变量。货币供给变动影响名义变量,但不影响真实变量。真实产量由生产率和要素供给决定,而不由货币量决定。然而,名义变量的值由货币量决定并与货币量同比例变动。例如,如果货币供给翻一番,价格就翻一番,工资也翻一番,而且,所有美元价值都翻一番,但真实产量、真实利率和真实工资仍然不变。这个结论称为**货币中性**。在短期中,货币不可能是中性的,但在长期中,货币可能是中性的。

我们可以用数量方程式来证明古典二分法和货币中性。首先,我们把货币的周转率定义为货币流通速度。$V=(P \times Y)/M$,式中,V 是**货币流通速度**;P 是物品的物价;Y 是真实产量($P \times Y =$ 名义 GDP);M 是货币量。如果名义产出是 500 美元(单价为 1 美元的 500 件物品),M 是 100 美元,那么 $V=5$。这就是说,为了用 100 美元满足 500 美元的买卖,每 1 美元必须平均支出 5 次。

重新整理一下,我们得出**数量方程式**:$M \times V = P \times Y$。如果货币量增加,P 或 Y 必须上升,或者 V 必须下降。我们的通货膨胀理论可以用以下五个步骤来分析:

- 在长期中,V 是较为稳定的。
- M 的变动引起名义产出($P \times Y$)的同比例变动。
- 真实产量(Y)在长期中由生产率和要素供给决定,而且不受 M 变动的影响。
- 如果 Y 是固定的,M 增加引起 P 的同比例变动。
- 因此,通货膨胀源自货币供给的迅速增长。

超速通货膨胀有时被定义为每月超过 50% 的通货膨胀。在超速通货膨胀的情形下,数据表明货币增长与通货膨胀之间存在着密切的联系,这一点支持了货币数量论的结论。

如果一些国家知道发行过多货币会引起通货膨胀,那么为什么它们还要这样做呢?政府这样做的目的是为其支出筹资。政府通过税收、借款或发行更多货币而得到所需的资金。那些支出高、税收收入不足且借款能力有限的国家会转向发行货币。当一个政府通过发行货币增加收入时,它就征收了**通货膨胀税**。当政府发行货币且物价上升时,人们持有的货币的价值就下降了。通货膨胀税是向那些持有货币的人征收的税。

如果货币是中性的,货币的变动就不会影响**真实利率**。回想一下真实利率、**名义利率**和通货膨胀率之间的关系:

$$真实利率 = 名义利率 - 通货膨胀率$$

由此得出名义利率的计算公式:

$$名义利率 = 真实利率 + 通货膨胀率$$

真实利率取决于可贷资金的供求状况。在长期中,货币是中性的,并且只影响名义变量,而不影响真实变量。因此,当美联储提高货币增长率时,通货膨胀率就上升,并且名义利率一对一地上升,但是真实利率保持不变。名义利率对通货膨胀的一对一调整称为**费雪效应**。要注意的是,名义利率在第一次发放贷款时就确定了,因此,费雪效应实际上认为,名义利率是按预期的通货膨胀一对一地调整的。

2. 通货膨胀的成本

人们通常认为通货膨胀是一个严重的经济问题,因为当物价上升时他们的收入不能购买到同样多的物品与服务。因此,他们认为通货膨胀直接降低了他们的生活水平。但是,这是一种错误的观点。由于人们通过出售劳动这类服务而赚到收入,因此名义收入膨胀与物价水平膨胀是相伴而来的。因此,通货膨胀一般并不直接影响人们的真实购买力。

但是,通货膨胀有许多更为微妙的成本:

- **皮鞋成本**(Shoeleather Costs):回想一下,通货膨胀是对持有货币的人征收的一种税。为了避免这种税,当通货膨胀率高时,人们持有的货币比通货膨胀率低时少,而对有利息的资产投资更多。结果,人们不得不去银行,且比没有通货膨胀时更频繁地提取货币。这些成本有时被形象地称为皮鞋成本(由于你常去银行而磨损了鞋)。持有更少现金的实际成本是浪费时间和不方便。在通货膨胀率很高时,这种成本并不是无关紧要的。

- **菜单成本**(Menu Costs):有许多与变动价格相关的成本——印制新菜单、价格单和目录的成本,分发它们的邮寄成本,为新价格做广告的成本,以及决定新价格本身的成本。

- 相对价格变动与资源配置不当:由于改变价格是有成本的,企业就尽可能少地改变价格。当存在通货膨胀时,那些在一定时期内物价保持不变的物品的相对价格与平均物价水平相比就下降了。这使资源配置不当,因为人们是根据相对价格作出经济决策的。一种价格每年只变动一次的物品在年初时人为地变贵,而在年终时又人为地变便宜了。

- 通货膨胀引起的税收扭曲:通货膨胀增加了储蓄赚到的收入的税收负担,从而抑制了储蓄和经济增长。通货膨胀影响如下两种类型的储蓄税:

(1) **资本收益**是以高于购买价格的价格出售一种资产时所赚到的利润。名义资本收益要受税收的影响。假设你以 20 美元购买了一股股票并以 50 美元的价格出售,再假设在你持有该股票时物价水平翻了一番,那么你只有 10 美元的真实收益(因为你要以 40 美元出售股票才能收支相抵),但是你必须按名义资本收益 30 美元纳税,因为税法没有考虑通货膨胀因素。

(2) 尽管有一部分名义利率是补偿通货膨胀的,但名义利息仍要纳税。当政府把名义利率的一个固定百分比作为税收时,随着通货膨胀加剧,税后真实收益就越来越少。这是因为名义利率与通货膨胀一对一地上升,而税收随着名义利率上升而增加,但是税前真实收益并不受通货膨胀的影响。因此,税后真实收益下降了。

由于对名义资本收益和名义利息征税,通货膨胀就降低了储蓄的税后真实收益,从而通货膨胀就抑制了储蓄和增长。可以通过消除通货膨胀或税制指数化,以便只对真实收益征税来解决这个问题。

- 混乱与不方便:货币具有计价单位的职能,这意味着货币是我们衡量经济价值的标准。当美联储增加货币供给并引起通货膨胀时,就降低了货币的价值,并使经济衡量尺度缩小。这使得对企业利润的核算更为困难,从而使选择投资更为复杂,这也使日常交易更为混乱。

- 未预期到的通货膨胀的特殊成本——任意的财富再分配:即使通货膨胀是稳定且可

预期的,上述通货膨胀成本也存在。但是,如果通货膨胀是未预期到的,由于它会带来财富的任意再分配,因此对经济还有另一种成本。例如,贷款条款通常是根据以某个预期的通货膨胀率(参看费雪效应方程式)为基础的名义值来确定的。然而,如果通货膨胀高于预期,债务人就可以用购买力低于预期的美元来偿还贷款,债务人以损害债权人的利益为代价而获益。当通货膨胀低于预期时,情况正好相反。无论通货膨胀有多严重,如果它是完全可以预期的,这种财富再分配就不会发生。然而,高通货膨胀绝不会是稳定的。因此,低通货膨胀由于更为稳定和更可预期而好一些。

- 通货紧缩:弗里德曼规则认为,与真实利率相等的可预测的轻度通货紧缩可能是合意的,因为它将使名义利率趋近于零,从而减少皮鞋成本。或者,通货紧缩的成本能映射出通货膨胀的其他成本。此外,通货紧缩往往是更深层经济问题的一个信号。

30.1.2 有益的提示

(1)货币的价格是 $1/P$。由于我们用货币衡量物品与服务的价格,因此我们用货币可以交换到的物品与服务量衡量货币的价格。例如,如果一篮子物品与服务值 5 美元,那么 P 为 5 美元。1 美元的价格是一篮子物品的 $1/P$,或者 1/5。这就是说,1 美元可以交换 1/5 篮子的物品。如果一篮子物品的价格翻一番,以至于它现在卖 10 美元,那么货币的价格就下降为它原来价值的一半。用数字来表示,由于一篮子物品的价格现在是 10 美元,或者 P 为 10 美元,因此货币的价格就下降到 $1/P$,或者 1/10 篮子物品。总之,当一篮子物品与服务的价格从 5 美元翻一番变为 10 美元时,货币的价格就下降了一半,从 1/5 篮子物品下降到 1/10 篮子物品。

(2)当论述货币数量论的时候,你不妨设想正在拍卖。在拍卖结束时,我们可以计算卖出东西的数量和卖出东西的平均价格。假设我们重复该拍卖,唯一的变动仅仅是拍卖行使每个买者投入拍卖的货币翻一番——如果你原来有 20 美元,现在就有 40 美元,以此类推。如果所有参与者都与以前的拍卖一样,花了同样百分比的货币(相当于货币流通速度不变),而且,可用于拍卖的东西不变(相当于真实产量不变),那么拍卖中所出售物品的平均价格会发生什么变动呢? 拍卖中的价格正好翻一番,这表明价格与货币量是同比例变动的。

(3)未预期到的通货膨胀与对未来收入征税的作用相同。我们知道,未预期到的通货膨胀会再分配财富。尽管在这个时期中根据名义合同要记住谁受益和谁受损是困难的,但如果你记得未预期到的通货膨胀与对未来收入征税和对未来支付补贴的作用相同,你就能立刻做出正确的判断。因此,当通货膨胀结果高于签订贷款合同时我们所认为的水平时,得到未来支付的人的状况就会变坏,因为他们得到的美元的购买力低于他们签订合同时的购买力;债务人的状况会变好,因为他们使用了过去的价值高的货币,又被允许用价值低的货币还债。因此,当通货膨胀高于预期时,财富从债权人那里再分配给债务人。而当通货膨胀低于预期时,赢家和输家正好相反。

这个概念可以运用到任何一个持续一段时间的合同。我们不妨来看一下劳动合同。我们记得当通货膨胀大于我们的预期时,那些未来得到货币的人的利益将会受损,而那些在未来支付货币的人将会获益。因此,当通货膨胀高于预期时,企业以损害工人的利益为代价而获益;当通货膨胀低于预期的时候,赢家和输家正好相反。

30.1.3 术语与定义

为每个关键术语选择一个定义。

关键术语	定 义
_____通货膨胀	1. 当通货膨胀引起人们减少货币持有量时所浪费的资源。
_____通货紧缩	2. 政府通过发行货币来筹集收入的做法。
_____超速通货膨胀	3. 一种认为货币量决定物价水平,货币增长率决定通货膨胀的理论。
_____货币数量论	4. 用实物单位衡量的变量。
_____名义变量	5. 与改变价格相关的成本。
_____真实变量	6. 未根据通货膨胀校正的利率。
_____古典二分法	7. 以高于购买价格出售一种资产而赚到的利润。
_____货币中性	8. 名义利率对通货膨胀所进行的一对一的调整。
_____货币流通速度	9. 物价总水平的上升。
_____数量方程式	10. 极高的通货膨胀。
_____通货膨胀税	11. $M \times V = P \times Y$。
_____名义利率	12. 对名义变量和真实变量的理论区分。
_____真实利率	13. 根据通货膨胀校正的利率。
_____费雪效应	14. 按货币单位衡量的变量。
_____皮鞋成本	15. 货币易手的速度。
_____菜单成本	16. 物价总水平的下降。
_____资本收益	17. 货币供给变动影响名义变量,但不影响真实变量的特征。

30.2 应用题与简答题

30.2.1 应用题

1. 用数量方程式来回答本题。假设货币供给是 200 美元,真实产量是 1 000 单位,每单位产出价格是 1 美元。

a. 货币流通速度是多少?

b. 如果货币流通速度是你在问题 a 中解出的值,根据货币数量论,如果货币供给增加到 400 美元,会发生什么情况?

c. 你对问题 b 的回答与古典二分法一致吗?解释之。

d. 假设货币供给从 200 美元增加到 400 美元,翻了一番,真实产量增长得并不多(比如说 2%)。现在价格会发生什么变动?价格的上升幅度大于翻一番,小于翻一番,还是正好翻一番?为什么?

e. 当通货膨胀极高时,人们不愿意持有货币,因为货币会迅速贬值。因此,他们更快地花钱。如果当货币供给翻一番时,人们会更快地花钱,那么价格会发生什么变动?价格的上升幅度会大于翻一番,小于翻一番,还是正好翻一番?

f. 假设在本题开始时所说的货币供给指的是 M1。这就是说,货币供给 M1 是 200 美元。如果货币供给 M2 是 500 美元(而且题目中所有其他变量值都不变),那么 M2

的数量方程式会是什么样呢?

2. 下列问题与费雪效应相关。

a. 为了证明你对费雪效应的了解,请你完成下表。

真实利率	名义利率	通货膨胀率
3%	10%	————
————	6%	2%
5%	————	3%

以下关于费雪效应的问题与上表无关。

b. 假设人们预期通货膨胀率将是 3%,再假设合意的真实利率是 4%,那么名义利率是多少?

c. 假设实际通货膨胀率是 6%。根据问题 b 中预期签约的贷款的真实利率是多少?

d. 当预期通货膨胀率为 3%,但实际通货膨胀率为 6% 时,财富是从债权人那里重新分配给债务人,还是从债务人那里重新分配给债权人?

e. 实际通货膨胀率只为 1% 时会发生什么变动?

3. 尽管名义利率中的很大一部分是为了补偿通货膨胀,但所得税把储蓄赚到的名义利息视为收入来征税。

a. 为了说明这对储蓄的激励是怎样的,请分别针对低通货膨胀国家和高通货膨胀国家完成下表。

	低通货膨胀国家	高通货膨胀国家
真实利率	5%	5%
通货膨胀率	3%	11%
名义利率	————	————
25% 的税收引起的利率下降	————	————
税后名义利率	————	————
税后真实利率	————	————

b. 在哪一个国家中,对储蓄的激励更大? 为什么?

c. 为解决上述问题,政府可以做什么?

30.2.2 简答题

1. 如果货币供给量翻一番,在长期中货币需求量和物价水平必定发生什么变动?

2. 说明一下古典二分法。

3. 在古典二分法的框架内,哪一种变量受货币变动影响? 哪一种变量不受货币变动影响? 我们用哪个词来描述这种影响?

4. 货币在长期中还是在短期中更可能是中性的? 为什么?

5. 假设货币供给增加了 10%。解释数量方程式中的每个变量会发生什么变动。

6. 政府可以用来支撑其支出的三个收入来源是什么? 哪一种方法会引起通货膨胀? 谁承受这种筹集收入方式的负担?

7. 在长期中,货币供给增长率提高对真实利率与名义利率各有什么影响?

8. 通货膨胀侵蚀了我们收入的价值,从而降低了我们的生活水平吗?解释之。

9. 当通货膨胀完全可以预期时,通货膨胀的成本有哪些?

10. 假设通货膨胀结果低于我们的预期。谁可能受益?是债务人还是债权人?是工会工人还是企业?为什么?

11. 下列说法中有何矛盾之处?"当通货膨胀高但稳定且可预期时,通货膨胀不会重新分配财富。"

12. 当通货膨胀提高了名义利率时,通货膨胀(如果与预期相符)会使债务人状况变坏而使债权人状况变好吗?为什么?

30.3 自我测试题

30.3.1 判断正误题

_____ 1. 物价水平上升和货币贬值是等价的。

_____ 2. 货币数量论说明,货币供给增加使真实产量同比例上升。

_____ 3. 如果物价水平翻一番,货币需求量也会翻一番,因为人们需要两倍的货币来完成同样的交易。

_____ 4. 在长期中,货币供给增加倾向于影响真实变量,但不影响名义变量。

_____ 5. 如果货币供给是500美元,真实产量是2 500单位,而且,每单位真实产量的平均价格为2美元,那么货币流通速度是10。

_____ 6. 费雪效应表明,在长期,如果通货膨胀率从3%上升到7%,那么名义利率应该提高4%,而真实利率将保持不变。

_____ 7. 通货膨胀税是由那些持有货币的人支付的,因为通货膨胀使他们持有的货币贬值。

_____ 8. 货币中性是指货币供给的变动不会引起任何事情变动。

_____ 9. 通货膨胀侵蚀了人们工资的价值,并降低了他们的生活水平。

_____ 10. 通货膨胀降低了那些价格暂时保持不变(以避免与价格变动相关的成本)的物品的相对价格。

_____ 11. 通货膨胀的皮鞋成本对医生与失业工人来说几乎是相同的。

_____ 12. 通货膨胀会刺激储蓄,因为它增加了储蓄的税后真实收益。

_____ 13. 那些政府支出大于它们能通过税收或借款筹集到的收入的国家会发行过多的货币,从而引起通货膨胀。

_____ 14. 如果通货膨胀结果高于人们的预期,财富就从债务人再分配给债权人。

_____ 15. 如果名义利率是7%,而通货膨胀率为5%,那么真实利率就是12%。

30.3.2 单项选择题

1. 在长期中,引起通货膨胀的是_____。

a. 有市场势力并拒绝对外贷款的银行

b. 征税很重以致增加了经营成本,从而提高了物价的政府

c. 发行太多货币的政府

d. 诸如劳动和石油这类投入的价格的上升

e. 以上各项都不是

2. 当物价以极高的速度上升时,它被称为_____。

a. 通货膨胀

b. 超速通货膨胀

c. 通货紧缩

d. 低通货膨胀

e. 反通货膨胀

3. 如果物价水平翻一番,那么_____。

a. 货币需求减少一半

b. 货币供给减少一半

c. 名义收入不受影响

d. 货币的价值下降一半

e. 以上各项都不是

4. 在长期中,货币需求主要取决于_____。

a. 物价水平

b. 信用卡的可获得性

c. 银行网点的可获得性

d. 利率

5. 货币数量论得出的结论是货币供给增加引起_____。

a. 货币流通速度同比例上升

b. 物价同比例上升

c. 真实产量同比例增加

d. 货币流通速度同比例下降

e. 物价同比例下降

6. 真实变量的例子是_____。

a. 名义利率

b. 工资价值与汽水价格的比率

c. 玉米的价格

d. 美元工资

e. 以上各项都不是

7. 数量方程式表明_____。

a. 货币 × 物价水平 = 货币流通速度 × 真实产量

b. 货币 × 真实产量 = 货币流通速度 × 物价水平

c. 货币 × 货币流通速度 = 物价水平 × 真实产量

d. 以上各项都不是

8. 如果货币是中性的,那么_____。

a. 货币供给增加无所谓

b. 货币供给不会改变,因为它与黄金这类商品相联系

c. 货币供给变动只影响真实产量这类真实变量

d. 货币供给变动只影响物价和货币工资这类名义变量

e. 货币供给变动同比例地降低了货币流通速度。因此,它既不影响物价,也不影响真实产量

9. 如果货币供给增长 5%,真实产量增长 2%,那么物价应该上升_____。

a. 5%

b. 小于 5%

c. 大于 5%

d. 以上各项都不是

10. 货币流通速度是_____。

a. 货币供给每年周转的速度

b. 产出每年周转的速度

c. 企业存货每年周转的速度

d. 高度不稳定的

e. 不可能衡量的

11. 征收通货膨胀税的国家之所以这样做是因为_____。

a. 政府不了解通货膨胀的成因和后果

b. 政府预算平衡

c. 政府支出高,而且,政府征收的税收不够,借款又困难

d. 通货膨胀税是所有税收中最平等的

e. 通货膨胀税是所有税收中最累进的(由富人缴纳)

12. 通货膨胀税_____。

a. 是一种按季度由企业根据其物品价格上涨幅度缴纳的明确

税收

b. 是一种对持有货币的人征收的税

c. 是一种对那些从储蓄账户获得利息的人征收的税

d. 通常由预算平衡的政府采用

e. 以上各项都不是

13. 假设名义利率是7%,而货币供给每年增长5%。再假设真实产量是固定的,如果政府把货币供给增长率从5%提高到9%,那么根据费雪效应,在长期中名义利率应该变为_____。

a. 4%

b. 9%

c. 11%

d. 12%

e. 16%

14. 如果名义利率是6%,而通货膨胀率是3%,那么真实利率是_____。

a. 3%

b. 6%

c. 9%

d. 18%

e. 以上各项都不对

15. 如果实际通货膨胀结果高于人们的预期,那么_____。

a. 财富从债权人向债务人再分配

b. 财富从债务人向债权人再分配

c. 没有发生再分配

d. 真实利率不受影响

16. 当通货膨胀稳定且可预期时,以下哪一项通货膨胀成本不会发生?

a. 皮鞋成本

b. 菜单成本

c. 由于通货膨胀引起的税收扭曲的成本

d. 任意的财富再分配

e. 由于混乱和不方便引起的成本

17. 假设由于通货膨胀,俄罗斯的企业

必须每月计算、印刷并向其客户邮寄新价格表。这是以下哪一项的例子?

a. 皮鞋成本

b. 菜单成本

c. 由于通货膨胀引起的税收扭曲的成本

d. 任意的财富再分配

e. 弗里德曼规则

18. 假设由于通货膨胀,在巴西人们持有的现金少了,并且要每天到银行提取他们所需的现金。这是以下哪一项的例子?

a. 皮鞋成本

b. 菜单成本

c. 由于通货膨胀引起的税收扭曲的成本

d. 由于通货膨胀引起相对价格变动,从而使资源配置不当的成本

e. 由于混乱和不方便引起的成本

19. 如果真实利率是4%,通货膨胀率是6%,税率是20%,那么税后真实利率是_____。

a. 1%

b. 2%

c. 3%

d. 4%

e. 5%

20. 以下哪一项关于通货膨胀的表述不正确?

a. 未预期到的通货膨胀会引起财富的再分配

b. 通货膨胀的上升提高了名义利率

c. 假如存在通货膨胀,对名义利息收入征税会减少储蓄收益,降低经济增长率

d. 通货膨胀降低了人们的真实购买力,因为它提高了人们所购买东西的成本

30.4 进阶思考题

假设你向朋友解释"通货膨胀税"的概念。你正确地告诉他:"当政府发行货币,而不是通过征税或借款来满足其支出需求时,它就引起了通货膨胀。通货膨胀税是指由于这种通货膨胀而使货币贬值。因此,税收负担落在持有货币的人的身上。"你的朋友回答:"这种税有什么坏处呢?富人持有的货币更多,因此,在我看来通货膨胀税是公正的。也许政府应该发行货币来为所有支出筹资。"

1. 富人持有的货币比穷人更多,是正确的吗?
2. 富人的收入中以货币形式持有的百分比会高于穷人吗?
3. 与所得税相比,通货膨胀税加在富人身上的负担更大,还是加在穷人身上的负担更大?解释之。
4. 还有其他原因可以说明采用通货膨胀税并不是一种好的政策吗?

习 题 答 案

30.1.3 术语与定义

9	通货膨胀	11	数量方程式
16	通货紧缩	2	通货膨胀税
10	超速通货膨胀	6	名义利率
3	货币数量论	13	真实利率
14	名义变量	8	费雪效应
4	真实变量	1	皮鞋成本
12	古典二分法	5	菜单成本
17	货币中性	7	资本收益
15	货币流通速度		

30.2.1 应用题

1. a. (1 000 × 1 美元)/200 美元 = 5。

   b. 400 美元 × 5 = 2 美元 × 1 000,价格将翻一番,从 1 美元上升为 2 美元。

   c. 一致。古典二分法把经济变量分为真实变量与名义变量。货币同比例地影响名义变量,但不影响真实变量。在问题 b 中,价格翻一番,但真实产量仍然不变。

   d. 数量方程式表明,名义产量与货币量必定同比例变动。价格将仍然上升,但由于真实产量也增长了,因此价格的上升幅度小于翻一番。

   e. 如果货币流通速度不变,货币量对名义产量有同比例的影响。如果货币流通速度提高,货币量翻一番将引起价格的上升幅度大于翻一番。

   f. 500 美元 × 2 = 1 美元 × 1 000,M2 的货币流通速度是 2。

2. a.

真实利率	名义利率	通货膨胀率
3%	10%	7%
4%	6%	2%
5%	8%	3%

b. 3% + 4% = 7%。

c. 人们应该按7%的名义利率签署贷款合同。因此,7% − 6% = 1%。

d. 人们预期真实利率为4%,但实际真实利率是1%。财富从债权人再分配给债务人。

e. 最初的贷款合同将是相同的。因此,7% − 1% = 6%。真实利率是6%而不是4%,因此,财富从债务人再分配给债权人。

3. a.

	低通货膨胀国家	高通货膨胀国家
真实利率	5%	5%
通货膨胀率	3%	11%
名义利率	8%	16%
25%的税收引起的利率下降	2%	4%
税后名义利率	6%	12%
税后真实利率	3%	1%

b. 低通货膨胀国家,因为其税后真实利率更高。

c. 政府可以消除通货膨胀或者只对真实利息收入收税。

30.2.2 简答题

1. 为了维持货币均衡,货币需求量必须翻一番,因为对同样数量的物品的支出将翻一番,这将引起价格翻一番,从而使货币的价值下降一半。

2. 宏观经济变量可以分为两类——真实变量(用实物单位衡量)和名义变量(用货币单位衡量)的观点。

3. 名义变量受影响,真实变量不受影响。货币中性。

4. 在长期中。因为在长期中,人们和市场可以根据货币供给的变动调整价格。在短期中,人们很可能犯错误。

5. V 保持不变,Y 保持不变,M 增加10%,P 上升10%。

6. 税收、借款和发行货币。发行货币。那些持有货币的人,因为货币贬值了。

7. 对真实利率没有影响。随着货币增长率的提高和物价的上升,名义利率一对一地上升。

8. 并没有。收入是出售劳动服务的结果,在通货膨胀期间,其价值和其他价格一起上升。

9. 皮鞋成本,菜单成本,由于相对价格变动引起资源配置不当的成本,税收扭曲,混乱和不方便。

10. 债权人和工会工人。这些人根据合同在未来得到的美元价值高于他们签约时的价值。

11. 当通货膨胀高时,它总是不稳定的,并且难以预测。

12. 不会。名义利率根据通货膨胀的上升一对一地调整,因此,真实利率不受影响。债权人和债务人都不会获益。

30.3.1 判断正误题

1. 正确。
2. 错误;它使价格同比例上升。
3. 正确。
4. 错误;货币供给会影响名义变量,但不影响真实变量。
5. 正确。
6. 正确。
7. 正确。
8. 错误;货币中性是指货币供给的变动不会引起真实变量变动。
9. 错误;收入的上升与物价的上升是同时发生的。
10. 正确。
11. 错误;医生到银行的机会成本更高。
12. 错误;通货膨胀往往会减少储蓄的税后真实收益。
13. 正确。
14. 错误;财富从债权人再分配给债务人。
15. 错误;真实利率是2%,因为7% − 5% =2%。

30.3.2 单项选择题

1. c   2. b   3. d   4. a   5. b   6. b   7. c   8. d   9. b   10. a
11. c   12. b   13. c   14. a   15. b   16. d   17. b   18. a   19. b   20. d

30.4 进阶思考题

1. 正确。富人持有的货币比穷人更多。
2. 不会。总体来看,穷人把收入中更大的百分比以货币形式持有。实际上,穷人可能根本没有其他金融资产。
3. 通货膨胀税加在穷人身上的负担远远大于富人。富人能够将大部分资产保存在经通货膨胀调整的计息资产中。
4. 除通货膨胀税外,通货膨胀还给经济带来许多其他成本,如皮鞋成本、菜单成本、税收扭曲和混乱等。

第 *11* 篇 　开放经济的
　　　　　宏观经济学

第 31 章
开放经济的宏观经济学：
基本概念

目　标

在本章中你将

- 知道净出口如何衡量物品与服务的国际流动
- 知道资本净流出如何衡量资本的国际流动
- 考虑为什么净出口必然总是等于资本净流出
- 说明储蓄、国内投资和资本净流出如何相关
- 知道名义汇率和真实汇率的含义
- 考察作为汇率决定理论的购买力平价理论

效　果

在实现这些目标之后，你应该能

- 定义净出口
- 定义资本净流出
- 解释为什么净出口和资本净流出是同一枚硬币的两面
- 解释为什么如果一国储蓄率低，贸易赤字和负的资本净流出会对该国有利
- 说明真实汇率与名义汇率之间的关系
- 说明为什么两国通货之间的名义汇率应该等于其相对价格水平

31.1 本章概述

31.1.1 本章复习

在本书的前面章节,我们知道了人们可以从交易中获益,因为他们可以专门生产自己有比较优势的物品,并与其他人进行交易。但是,到现在为止,我们关于宏观经济学的大部分研究都以**封闭经济**为基础(封闭经济是与其他国家没有交往的经济)。现在我们开始研究**开放经济**中的宏观经济学(开放经济是与其他国家有交往的经济)。

1. 物品与资本的国际流动

一个开放经济以两种方式与其他经济相互交易:它在世界商品市场上买卖物品与服务,在世界金融市场上买卖资本资产。

- **物品与服务的流动:出口、进口与净出口。出口**是在国内生产而在国外销售的物品与服务,而**进口**是在国外生产而在国内销售的物品与服务。**净出口**是一国的出口值与其进口值的差额。净出口又称为**贸易余额**。如果出口大于进口,则净出口是正的,我们说该国有**贸易盈余**;如果进口大于出口,则净出口是负的,我们说该国有**贸易赤字**。如果进口等于出口,则净出口是零,该国存在**贸易平衡**。

净出口受消费者对国内与国外物品的爱好、国外与国内物品的相对价格、汇率、国外与国内的收入、国际运输成本以及政府的贸易政策的影响。我们将在下一章中解释这些因素。

由于以下原因,自 1950 年以来美国经济的国际贸易量日益增加:(1) 运输条件的改善,例如大型集装箱船的使用;(2) 与国外交往的通信技术的进步;(3) 新技术生产的物品的价值更高并且易于运输;(4) 政府更加支持贸易,例如政府支持北美自由贸易协定(NAFTA)和关贸总协定(GATT)以及可能建立的跨太平洋伙伴关系协定(TPP)。

- **金融资源的流动:资本净流出。资本净流出**(也称为外国净投资)是本国居民购买的外国资产减去外国人购买的本国资产。当一位本国居民购买并控制了外国的资本时,这称为外国直接投资。当一位本国居民购买了外国公司股票但并不直接控制该公司时,这称为外国有价证券投资。

资本净流出受国外与国内资产得到的相对真实利率、相对经济与政治风险,以及影响国外拥有国内资产的政府政策的影响。我们将在下一章中论述这些因素。

- **净出口与资本净流出相等**。净出口衡量一国进口与出口的不平衡状况。资本净流出是一国购买与出售资产的不平衡。这两种不平衡相互抵消。这就是说,资本净流出(NCO)等于净出口(NX):

$$NCO = NX$$

这是一个恒等式,因为每一次国际交易都是一次交换。当福特公司把一辆汽车卖给一位墨西哥居民时,福特公司得到了比索,NX 和 NCO 都增加。由福特公司进行的以后任何一次交易都保持了 NX 和 NCO 的相等。(1) 如果福特公司持有比索,则 NCO 增加,因为福特公司现在持有增加的外国资产(比索)。(2) 如果福特公司用比索去购买其他墨西哥资产(股票等),从而维持了 NX 和 NCO 增加。(3) 如果福特公司用比索去购买等值的墨西哥物品,则这种相反的交易使 NX 和 NCO 回到其原来的值。(4) 福特公司可以用比索换美元。新的比索所有者可以购买墨西哥资产,从而维持 NX 和 NCO 的增加;或者,他们可以购买墨西哥的物品,从而使 NX 和 NCO 减少到原来的水平。简而言之,当一个人出口物品并得到外汇时,既可以持有外汇,也可以用它从进口国购买物品,还可以用它从进口国购买资产。在每一种情况下,都维持了 NX = NCO。换句话说,如果一个国家出现贸易赤字(NX < 0),则该国必须通过将本国资产销往国外(NCO < 0)来弥补贸易赤字。

- **储蓄、投资及其与国际流动的关系。**对于经济增长来说,储蓄和投资是极其重要的。储蓄是一国用于消费和政府购买之后剩下的收入。回想一下,国内生产总值(Y)是消费(C)、投资(I)、政府购买(G)和净出口(NX)之和。因此,

$$Y = C + I + G + NX$$

而储蓄是

$$Y - C - G = I + NX$$

或者

$$S = I + NX$$

由于 NX = NCO,我们可以写为:

$$S = I + NCO$$

因此,在一个开放经济中,当美国经济中储蓄了 1 美元的时候,可以把它投资于国内资本(I)或者外国资本(NCO),并不一定要只投资于国内资本(I)。当 $S > I, NCO > 0$ 时,表明一国正投资于外国资产;而当 $I > S, NCO < 0$ 时,则表明外国人正在为本国的投资融资。

总之,如果一国有贸易盈余,那么净出口是正的,国内储蓄大于国内投资,而且资本净流出是正的。如果一国有贸易赤字,那么净出口是负的,国内储蓄小于国内投资,而且资本净流出是负的,这表明该国正通过在国外出售资产而为一些国内投资融资。如果一国贸易平衡,那么净出口是零,国内储蓄等于国内投资,而且资本净流出是零。

从 1980 年到 1987 年,当美国贸易赤字增加时,相应的资本净流出减少(外国人在美国投资更多)主要是由于美国公共储蓄下降。这并不是一种好的为投资融资的方法,有外国人在美国投资总比没人投资好。从 1991 年到 2000 年,当美国贸易赤字增加时,相应的资本净流出减少(外国人在美国更多地投资)主要是由于美国投资的增加。只要投资项目能带来合意的收益,这种类型的贸易赤字引起一国资本流入并不一定是坏事。2000 年以后,政府预算赤字再一次地降低了国家储蓄,减少了资本净流出。

2. 国际交易的价格:真实汇率与名义汇率

名义汇率是人们可以用一种通货交换另一种通货的比率。美元和任何一种外国通货之间的汇率可以用两种方法表示:每美元兑换的外国通货或者每单位外国通货兑换的美元。例如,如果 80 日元等于 1 美元,名义汇率就是每美元 80 日元,或者每日元 0.0125(即 1/80)美元。我们总用每美元兑换的外国通货来表示汇率。当美元购买到的外国通货更多时,美元就**升值**了;当美元购买到的外国通货更少时,美元就**贬值**了。由于在世界上存在多种通货,美元的汇率通常表示为某一组通货与美元相比的汇率指数。

真实汇率是人们用一国的物品与服务交换另一国物品与服务的比率。当我们直接比较一国物品与服务的价值和另一国物品与服务的价值时,要考虑两件事:通货的相对价值(名义汇率)以及交易物品的相对价格。真实汇率可以定义为:

$$真实汇率 = \frac{名义汇率 \times 国内价格}{国外价格}$$

正如可以把名义汇率表示为每单位国内通货的外国货币单位一样,也可以把真实汇率表

示为每单位国内物品的外国物品单位。例如,假设 1 箱墨西哥啤酒的价格是 20 比索,而 1 箱美国啤酒的价格是 10 美元,名义汇率是每美元 4 比索。墨西哥啤酒与美国啤酒的真实汇率就是:

$$真实汇率 = \frac{(4\ 比索 / 美元) \times (10\ 美元 / 箱美国啤酒)}{(20\ 比索 / 箱墨西哥啤酒)}$$

$$= \frac{40\ 比索 / 箱美国啤酒}{20\ 比索 / 箱墨西哥啤酒}$$

$$= 2\ 箱墨西哥啤酒 / 箱美国啤酒$$

真实汇率是各国物品的真实相对成本。

由于宏观经济学家关注整个经济,所以他们也关注物价总水平而不是个别物品的价格。因此,宏观经济学家不是用啤酒的价格而是用每个国家的物价指数来计算真实汇率:

$$真实汇率 = (e \times P)/P^*$$

式中,e 是名义汇率;P 是国内物价指数;P^* 是国外物价指数。

当真实汇率这一衡量指标上升时,美国物品相对于外国物品更为昂贵,净出口减少。当真实汇率这一衡量指标下降时,美国物品相对于外国物品更为便宜,净出口增加。

目前,19 个欧洲国家正在共同使用称为欧元的货币。欧元代替了法国法郎、德国马克、意大利里拉等。欧元由欧洲中央银行(ECB)控制。单一货币使欧洲区域内的贸易更加容易、更加便利,而且还有助于减轻欧洲的民族主义情感。然而,当一个国家发生经济危机时,它无法独立地使用货币政策工具。

3. 第一种汇率决定理论:购买力平价

对于为什么一种汇率有一个特定值,最简单的解释称为**购买力平价理论**。这种理论认为,任何一种通货的一单位在所有国家都应该能买到同样多的物品。这种理论的逻辑是基于**一价定律**。一价定律认为,一种物品在所有地方都应该按同样的价格出售,因为如果同一种物品有不同的价格,人们就会在便宜的地方购买物品并在昂贵的地方把它卖掉。这种行为将迫使价格低的地方价格上升而价格高的地方价格下降,直至价格相等为止。这个过程称为**套利**。因此,1 美元在墨西哥和在美国应该能买到同样数量的啤酒。如果不是这样,就有获得利润的机会,从而商人会在便宜的地方买而在贵的地方卖。

如果购买力平价理论是正确的,那么两国通货之间的名义汇率就取决于这两个国家的物价水平。例如,如果墨西哥啤酒的价格是每箱 20 比索,而美国啤酒的价格是每箱 10 美元,那么汇率就应该是每 10 美元 20 比索,或者每美元 2 比索,从而 1 美元在这两个国家能买到同样多的啤酒。要注意的是,每美元 2 比索的名义汇率正好是两国物价的比率。

为了把这个概念表示为公式,假设 P 是美国的物价水平,P^* 是外国的物价水平,e 是用每美元外国通货表示的汇率。在美国 1 美元可以买 $1/P$ 单位,在外国 1 美元可以买 e/P^* 单位。购买力平价理论表明,在每个国家 1 美元都应该买到同样多的东西:

$$1/P = e/P^*$$

解出 e:

$$e = P^*/P$$

因此,假如购买力平价理论是正确的,名义汇率就是国外物价水平与国内物价水平的比率。

回想一下,一国的物价水平取决于一国中央银行发行了多少货币。如果一国中央银行创造了更多货币,它的通货能买到的物品和服务就少了,能买到的其他通货的单位也少了。这就是说,这种通货贬值了。

在长期中购买力平价理论最可能成立。但是,即使在长期中,购买力平价理论也并不完全准确,这是因为:(1) 一些物品是不容易贸易的(如服务);(2) 即使可贸易的物品也不总是完全替代品。

31.1.2 有益的提示

(1) 负的资本净流出扩大了国内投资。可以用国民储蓄来支持国内投资和资本净流出:

$$S = I + NCO$$

以美国为例,如果资本净流出是负的,那么,这就意味着外国人在美国的投资大于美国人在外国的投资。这就使得尽管美国人本身的储蓄很少,但仍可保持充分的国内投资。例如,假设储蓄是7 000亿美元,资本净流出是 −2 000亿美元,则国内投资 I = 7 000亿美元 + 2 000亿美元,即9 000亿美元。

(2) 总是用外币单位对本币单位来表示名义汇率与真实汇率。用相对于本币单位的外币单位来表示汇率有助于避免混乱,因为这种汇率上升与本币单位的价值上升是相关的。例如,假设用100日元/美元来表示日元和美元之间的名义汇率,则如果汇率上升到110日元/美元,那么美元的价值就上升了。

(3) 当得出名义汇率或真实汇率时,总要确定衡量单位。当计算汇率(特别是真实汇率)时,一个常见错误是没有确定整个问题中的衡量单位,并在得出数字解之后加上衡量单位。这就留下了很多错误和混乱的可能空间。在关于墨西哥啤酒和美国啤酒的真实汇率的例子中,需要注意的是,数字后全部要加上单位,这不仅仅是为了你自己的方便。即使你做了许多遍,为避免犯错误也有必要这样做。

(4) 购买力平价理论对高价值和低运输成本的物品应该是成立的。一价定律适用于最可能进行套利的物品。因此,我们可以预期到所有国家钻石的美元价格都是相同的,因为钻石价格的微小背离会创造出巨大的利润机会。但是,伦敦和纽约之间擦皮鞋价格的巨大背离不太可能创造出利润机会和物品或服务的流动。尽管许多物品与服务现在在各国间是无法贸易的,但是轻的、高技术的、高价值的商品的生产与贸易的增长仍将提高购买力平价这一理论的适用性。

31.1.3 术语与定义

为每个关键术语选择一个定义。

关键术语	定　义
_____封闭经济	1. 出口大于进口的部分。
_____开放经济	2. 在国内生产而在国外销售的物品与服务。
_____出口	3. 人们用一国物品与服务交换另一国物品与服务的比率。
_____进口	4. 通过在便宜的地方购买并在昂贵的地方出售来利用同一种商品的两种价格。
_____净出口	5. 人们用一种通货交换另一种通货的比率。
_____贸易盈余	6. 用其他通货衡量的一种通货的价值下降。
_____贸易赤字	7. 不与其他经济相互交易的经济。

_____ 贸易平衡　　　　8. 出口值与进口值的差额或贸易余额。

_____ 资本净流出　　　9. 一种认为一单位某种通货应该在所有国家能买到等量
　　　　　　　　　　　　　　的物品的理论。

_____ 名义汇率　　　　10. 用其他通货衡量的一种通货的价值上升。

_____ 升值　　　　　　11. 与其他经济相互交易的经济。

_____ 贬值　　　　　　12. 进口大于出口的部分。

_____ 真实汇率　　　　13. 在国外生产而在国内销售的物品与服务。

_____ 购买力平价理论　14. 本国居民购买的外国资产减外国人购买的本国资产。

_____ 套利　　　　　　15. 出口等于进口的情形。

31.2　应用题与简答题

31.2.1　应用题

1. 下列每一笔交易如何影响美国的资本净流出？这些交易影响直接投资还是影响有价证券投资？

   a. 美国福特公司购买日本马自达公司的股票。

   b. 福特公司向日本制造商购买钢材，用来生产它的汽车。

   c. 马自达公司扩大在美国田纳西州的工厂。

   d. 日本的共同基金购买福特公司的股票。

   e. 美国陶氏化学公司在德国建了一个工厂。

2. 假设英国居民用英镑购买了美国制造商生产的一台电脑。

   a. 如果美国制造商持有英镑，在这种情况下净出口等于资本净流出吗？解释之。

   b. 假设美国制造商使用这些英镑在英国建立一个工厂，在这种情况下净出口等于资本净流出吗？解释之。这是哪一种外国投资？

   c. 假设美国制造商用这些英镑购买英国公司的股票，在这种情况下净出口等于资本净流出吗？解释之。这是哪一种外国投资？

   d. 假设美国制造商用这些英镑购买英国制造的电脑芯片，在这种情况下净出口等于资产净流出吗？解释之。

3. 假设名义汇率是每美元 100 日元。再假设美国玉米的价格是 5 美元/蒲式耳，日本玉米的价格是 750 日元/蒲式耳。

   a. 根据玉米价格计算的日本和美国之间的真实汇率是多少？

   b. 1 美元在美国和日本存在购买力平价吗？解释之。

   c. 套利机会是否存在？你应该在哪里买和在哪里卖？

   d. 如果名义汇率仍然不变，美国和日本的玉米价格会发生什么变动？解释之。

   e. 假设价格如你在问题 d 中提到的那样变动了，真实汇率会发生什么变动？

4. 假设一条 Lee 牛仔裤在美国的价格是 40 美元，而在墨西哥是 400 比索。

   a. 如果购买力平价成立，比索与美元的名义汇率是多少？

   b. 假设由于受到政治压力的影响，墨西哥中央银行使其货币供给翻了一番，这使物价水平也翻了一番。如果购买力平价成立，比索与美元的新汇率是多少？比索是升值了还是贬值了？

    c. 假设美联储现在使美国货币供给翻了一番,这使美国的物价水平也翻了一番。如果购买力平价成立,比索与美元的汇率值是多少？美元是升值了还是贬值了？

    d. 比较你对问题 a 和 c 的答案。汇率发生了什么变动？解释之。

31.2.2　简答题

1. 请找出最近 60 年间美国经济贸易量日益增长的四个原因。

2. 定义"资本净流出"。而当外国人在美国投资时,美国的资本净流出值会发生什么变动？

3. 国民储蓄可投资的两个互相排斥的地方在哪里？

4. 如果国民储蓄保持不变,而资本净流出减少,那么国内投资会发生什么变动？为什么？

5. 假设美元相对于世界通货升值。Pier One 进口公司(一家销售外国物品的国内连锁企业)是高兴还是沮丧呢？

6. 根据真实汇率,使美国在国际上更具竞争力的三种可改变的变量是哪些？

7. 假设福特 Focus 汽车在美国卖 10 000 美元,而在加拿大卖 12 000 加元。如果购买力平价理论成立,加元与美元的汇率是多少？1 加元可以兑换多少美元？

8. 假设各国之间的贸易增加。这提高还是降低了汇率决定的购买力平价理论的预测准确性？

9. 假设美国的货币供给平均每年增长 5%,而墨西哥的货币供给平均每年增长 35%。如果购买力平价成立,那么随着时间的推移,比索和美元的汇率会发生什么变动？为什么？

10. 为什么购买力平价理论并不完全准确呢？

31.3　自我测试题

31.3.1　判断正误题

_____ 1. 净出口定义为进口减去出口。

_____ 2. 当日本丰田公司购买了希尔顿饭店这家美国公司的股票时,美国的资本净流出减少。

_____ 3. 对任何一个国家而言,净出口总等于资本净流出,因为每次国际交易都涉及某种物品与资产的等值交换。

_____ 4. 对于既定量的美国国民储蓄,美国资本净流出的增加减少了美国国内投资。

_____ 5. 高价值的先进技术物品不太可能在国际上交易,因为运输成本吸收了过多潜在的利润。

_____ 6. 出口大于进口的国家可以说有贸易赤字。

_____ 7. 如果日元/美元的汇率上升,那么美元就升值了。

_____ 8. 如果一箱百事可乐在美国是 8 美元,而在日本是 720 日元,那么根据汇率的购买力平价理论,日元与美元的汇率应该是 5 760 日元/美元。

_____9. 如果购买力平价理论成立,真实汇率总是等于1。

_____10. 如果英国货币供给的增加快于墨西哥,英镑的价值就应该相对于比索的价值而上升。

_____11. 假设英镑对美元的名义汇率是2。如果巨无霸在美国的价格是2美元,而在英国的价格是6英镑,那么真实汇率就是每个美国巨无霸兑2/3个英国巨无霸。

_____12. 为了增加国内投资,一国应该增加自己的储蓄,或者减少自己的外国净投资。

_____13. 套利是通过在便宜的地方购买并在昂贵的地方出售来赚取同种物品价格差的过程。

_____14. 套利会引起同种物品的价格相互背离。

_____15. 如果一家总部位于美国的公司更喜欢坚挺的美元(美元具有较高的交换价值),那么这家公司的出口很可能大于进口。

31.3.2 单项选择题

1. 一个与其他经济相互交易的经济称为_____。
   a. 贸易平衡的经济
   b. 出口经济
   c. 进口经济
   d. 封闭经济
   e. 开放经济

2. 以下每一项都是美国持续进行更大量国际贸易的原因,除了_____。
   a. 有更大的集装箱运输船与飞机
   b. 每磅高技术物品的价值更高,从而更可能被交易
   c. 北美自由贸易协定要求增加北美各国之间的贸易
   d. 技术的进步改善了各国之间的通信状况
   e. 以上各项都是

3. 以下哪一项关于有贸易赤字的国家的说法是正确的?
   a. 资本净流出必然是正的
   b. 净出口是负的
   c. 净出口是正的
   d. 出口大于进口
   e. 以上各项都不是

4. 以下哪一项直接增加了美国的资本

净流出?
   a. 通用电气公司向英国的空中客车公司出售了一台飞机发动机
   b. 微软公司在瑞典建立了一个新的分销机构
   c. 本田公司在俄亥俄州建了一个新工厂
   d. 丰田公司购买了AT&T的股票

5. 以下哪一项是外国直接投资的例子?
   a. 麦当劳在莫斯科建了一个餐馆
   b. 哥伦比亚电影公司向俄罗斯电影院出售了一部电影的播映权
   c. 通用汽车公司购买了沃尔沃公司的股票
   d. 通用汽车公司从日本购买了钢材

6. 如果日本出口大于其进口,那么_____。
   a. 日本的净出口是负的
   b. 日本的资本净流出一定是负的
   c. 日本的资本净流出一定是正的
   d. 日本有贸易赤字

7. 如果美国储蓄了10 000亿美元,而且美国的资本净流出是 -2 000亿美元,那么美国的国内投资是_____。
   a. -2 000亿美元

b. 2 000 亿美元

c. 8 000 亿美元

d. 10 000 亿美元

e. 12 000 亿美元

8. 如果汇率从每美元 3 巴西雷亚尔变为每美元 4 雷亚尔,那么_____。

    a. 美元贬值

    b. 美元升值

    c. 美元升值或贬值取决于巴西和美国相对价格发生的变动

    d. 以上各项都不对

9. 假设俄罗斯和美国之间的真实汇率用每瓶美国伏特加酒可兑换的俄罗斯伏特加酒来定义。以下哪一项将提高真实汇率(这就是说,每瓶美国伏特加酒可兑换的俄罗斯伏特加酒增加了)?

    a. 俄罗斯伏特加酒的卢布价格下降

    b. 美国伏特加酒的美元价格上升

    c. 美元可以换到的卢布数量增加

    d. 以上各项都会提高真实汇率

    e. 以上没有一项会提高真实汇率

10. 美元国际价值最准确的衡量是_____。

    a. 日元与美元的汇率

    b. 巴西雷亚尔与美元的汇率

    c. 比索与美元的汇率

    d. 英镑与美元的汇率

    e. 由许多汇率构成的汇率指数

11. 如果英镑和美元之间的名义汇率是 1 美元兑 0.5 英镑,那么你用多少美元可以换到 1 英镑?

    a. 2 美元

    b. 1.5 美元

    c. 1 美元

    d. 0.5 美元

    e. 以上各项都不是

12. 假设日元和美元之间的名义汇率是 1 美元兑 100 日元。再假设 1 磅汉堡包在美国值 2 美元,在日本值 250

日元。日本和美国之间的真实汇率是多少?

    a. 1 磅美国汉堡包对 0.5 磅日本汉堡包

    b. 1 磅美国汉堡包对 0.8 磅日本汉堡包

    c. 1 磅美国汉堡包对 1.25 磅日本汉堡包

    d. 1 磅美国汉堡包对 2.5 磅日本汉堡包

    e. 以上各项都不是

13. 以下哪类人或企业会为美元贬值而高兴?

    a. 在欧洲旅行的美国旅游者

    b. 俄罗斯伏特加酒的美国进口商

    c. 向美国出口红酒的法国出口商

    d. 美国钢铁的意大利进口商

    e. 向美国出口石油的沙特阿拉伯王子

14. 假设一杯咖啡在德国是 1.5 欧元,在美国是 0.5 美元。如果购买力平价成立,欧元和美元之间的名义汇率是多少?

    a. 1 美元兑 1/3 欧元

    b. 1 美元兑 3 欧元

    c. 1 美元兑 1.5 欧元

    d. 1 美元兑 0.75 欧元

15. 如果用来计算购买力平价,以下哪一种物品可能是最不准确的?

    a. 黄金

    b. 汽车

    c. 钻石

    d. 牙科服务

16. 假设墨西哥的货币供给增长得比美国的货币供给快。我们可以预料到_____。

    a. 比索会相对于美元贬值

    b. 比索会相对于美元升值

    c. 由于购买力平价,比索应该保持对美元的汇率不变

d. 以上各项都不对

17. 当人们通过在便宜的地方购买并在昂贵的地方出售来赚取同种物品的价格差时,这称为_____。
   a. 购买力平价
   b. 资本净流出
   c. 套利
   d. 净出口
   e. 通货升值

18. 假设美国居民购买了英国的一辆捷豹汽车,而英国出口商用所得到的美元购买了通用电气公司的股票。从美国的角度看,以下哪一种说法是正确的?
   a. 净出口减少,资本净流出减少
   b. 净出口增加,资本净流出增加
   c. 净出口减少,资本净流出增加
   d. 净出口增加,资本净流出减少
   e. 以上各项都不是

19. 以下哪一种关于国民储蓄、投资和资本净流出之间关系的说法不正确?

a. 储蓄是投资和资本净流出之和
b. 在既定的储蓄量时,资本净流出增加必定减少国内投资
c. 在既定的储蓄量时,资本净流出减少必定减少国内投资
d. 储蓄的增加与资本净流出的等量增加,使国内投资不变

20. 假设最近 20 年间英国的通货膨胀率是 10%,日本是 7%,而美国是 3%。如果购买力平价理论成立,以下哪一种说法是正确的?在这个时期中,_____。
   a. 与英镑和日元相比,美元的价值应该下降
   b. 日元的价值与英镑相比应该上升,与美元相比应该下降
   c. 日元的价值与英镑相比应该下降,与美元相比应该上升
   d. 与日元和美元相比,英镑的价值应该上升
   e. 以上各项都不是

31.4 进阶思考题

你正在与父母收听国内新闻广播。新闻主持人解释道,美元汇率正落到其 10 年间的最低值。现场报道的镜头转向一家重型设备制造商卡特彼勒(Caterpillar)的发言人。这位发言人称其挖土机设备的销量已经达到了其历史最高点,其股票价格也是如此。你父母对报道中对美元贬值的正面观点感到震惊。由于美元的低价值,他们刚刚取消了去欧洲度假。

1. 卡特彼勒和你父母对美元价值的看法为什么有所不同?
2. 卡特彼勒在其制造过程中进口许多部件和原材料并在国外销售其制成品。既然它对美元的低价值感到高兴,那么关于卡特彼勒进口与出口比例的正确说法是什么?
3. 有人认为,坚挺的美元"对美国有好处",因为美国人可以用他们的一些 GDP 换到更大量的外国 GDP。你认为"坚挺的美元对每一个美国人都有好处"这一说法正确吗?为什么?

习　题　答　案

31.1.3　术语与定义

____7____ 封闭经济　　　　　　　　____14____ 资本净流出

__11__ 开放经济		__5__ 名义汇率	
__2__ 出口		__10__ 升值	
__13__ 进口		__6__ 贬值	
__8__ 净出口		__3__ 真实汇率	
__1__ 贸易盈余		__9__ 购买力平价理论	
__12__ 贸易赤字		__4__ 套利	
__15__ 贸易平衡			

31.2.1 应用题

1. a. 资本净流出增加。外国有价证券投资。

   b. 美国净出口减少,而日本制造商持有美元,因此,资本净流出减少。外国有价证券投资。

   c. 资本净流出减少。外国直接投资。

   d. 资本净流出减少。外国有价证券投资。

   e. 资本净流出增加。外国直接投资。

2. a. 等于;净出口的增加为销售量,资本净流出等量增加,并等于公司外国通货的持有量。

   b. 等于;净出口的增加为销售量,资本净流出等量增加,并等于公司购买的外国资本量。外国直接投资。

   c. 等于;净出口的增加为销售量,资本净流出等量增加,并等于公司购买的外国资本量。外国有价证券投资。

   d. 等于;净出口和资本净流出都不变,因为出口与进口等量增加,这就使净出口不变。不涉及资本净流出。

3. a. $\dfrac{(100\ \text{日元/美元}) \times (5\ \text{美元/美国蒲式耳})}{750\ \text{日元/日本蒲式耳}} = 0.67\ \text{日本蒲式耳/1 美国蒲式耳}$。

   b. 不存在。1 美元购买 1/5 蒲式耳即 0.2 蒲式耳美国玉米。1 美元购买 100 日元,100 日元购买 100/750 即 0.13 蒲式耳日本玉米(或者,1 蒲式耳玉米在美国值 5 美元,而在日本值 7.5 美元)。

   c. 是。应该在美国买玉米并在日本出售。

   d. 美国由于需求增加,玉米价格应该上升;日本由于供给增加,玉米价格应该下降。

   e. 真实汇率将上升到等于 1 为止(1 日本蒲式耳对 1 美国蒲式耳)。

4. a. 400 比索/40 美元 = 10 比索/美元。

   b. 800 比索/40 美元 = 20 比索/美元,比索贬值。

   c. 800 比索/80 美元 = 10 比索/美元,美元贬值。

   d. 不变。当价格对称地上升时,如果购买力平价理论成立,就不影响名义汇率。

31.2.2 简答题

1. 运输条件的改善,通信技术的进步,价值更高的先进技术物品,有利的政府政策。

2. 本国居民购买的外国资产减外国人购买的本国资产。资本净流出减少或变为负数。

3. 投资于国内(I)或投资于国外(NCO),因为 $S = I + NCO$。

4. 国内投资增长,因为用于国外的国民储蓄少了,而且(或者)用于国内的外国储蓄多了。

5. 很高兴,因为坚挺的美元意味着该公司可以便宜地购买进口品,并以低价格提供给其顾客。

6. 美国的物价水平下降,或者外国通货对美元的汇率下降,或者外国物价水平上升。也就是说,美国的物品对外国人来说变得便宜了。

7. 1.2 加元/美元。1 美元/1.2 加元 =0.83 美元,即 1 加元可以兑换 0.83 美元。

8. 提高了其准确性,因为可贸易的物品量越大,购买力平价理论的预测越准确。

9. 它应该上升,这是因为在长期中高货币增长率会引起高物价上升率。美国的低通货膨胀提高了其通货的相对价值。

10. 因为一些物品不易于交易,并且可交易物品并不总是完全替代品。

31.3.1 判断正误题

1. 错误;净出口是出口减进口。

2. 正确。

3. 正确。

4. 正确。

5. 错误;它们更可能交易,因为运输成本在物品总成本中所占的比例很小。

6. 错误;如果出口大于进口,该国有贸易盈余。

7. 正确。

8. 错误;汇率应该是 90 日元/美元。

9. 正确。

10. 错误;英镑的价值应该相对于比索的价值而下降。

11. 正确。

12. 正确。

13. 正确。

14. 错误;套利引起价格趋同。

15. 错误;喜欢坚挺美元的公司的进口大于出口。

31.3.2 单项选择题

1. e 2. c 3. b 4. b 5. a 6. c 7. e 8. b 9. d 10. e
11. a 12. b 13. d 14. b 15. d 16. a 17. c 18. a 19. c 20. b

31.4 进阶思考题

1. 卡特彼勒向外国人出售的设备多,美元价值低使卡特彼勒的物品对外国人来说更便宜。你的父母正准备购买外国物品与服务,美元价值低使这些物品与服务的美元成本变高了。

2. 卡特彼勒在国外出售的物品量必定大于它的购买量。这就是说,它是净出口者。

3. 不正确。坚挺的美元使美国的净进口者受益,使美国的净出口者受损。

第 32 章
开放经济的宏观经济理论

目　标

在本章中你将

- 建立一个解释开放经济中贸易余额与汇率的模型
- 用这一模型分析政府预算赤字的影响
- 用这一模型分析贸易政策的宏观经济影响
- 用这一模型分析政治不稳定与资本外逃问题

效　果

在实现这些目标之后，你应该能

- 解释外汇市场上供给和需求的斜率
- 说明为什么预算赤字会引起贸易赤字
- 证明进口配额对净出口没有影响
- 说明为什么资本外逃引起通货贬值

32.1 本章概述

32.1.1 本章复习

本章构建了一个开放经济模型,这个模型使我们可以分析政府政策对净出口、资本净流出以及汇率的影响。这个模型在两个方面基于我们前面的长期分析:(1) 我们假设产量由技术和要素供给决定,因此,产量是固定的或既定的;(2) 物价由货币量决定,因此,物价是固定的或既定的。本章中构建的模型由两个市场组成——可贷资金市场与外汇市场。这两个市场同时决定了利率与汇率(而且还决定了总体投资和贸易余额水平)。

1. 可贷资金市场与外汇市场的供给与需求

在这一节,我们论述两个市场——可贷资金市场与外汇市场。

开放经济中的可贷资金市场只是国内可贷资金市场的扩大。可贷资金是国内产生的可用于资本积累的资源流量。我们假设,存在一个储户可以贷款和投资者可以借款的金融市场。但是,在一个开放经济中,$S = I + NCO$。因此,与以前一样,可贷资金的供给来自国民储蓄(S)。可贷资金的供给(贷款的欲望)与真实利率正相关。但是,可贷资金的需求现在有两个来源——国内投资(I)和资本净流出(NCO)。无论国内还是国外的资本资产需求,都与真实利率负相关。这就是说,真实利率高降低了美国居民借款购买美国资本资产的欲望,而且,国内真实利率高也降低了美国居民购买外国资产的欲望(并增强了外国人购买美国资产的欲望),因此,资本净流出减少了。如果资本净流出是正的,这就增加了对资金的需求;如果资本净流出是负的,就要从资金需求中减去。图 32-1(a)表示可贷资金的供求,在均衡时人们储蓄的量与人们想对国内外资产投资的量平衡。

我们模型中的第二个市场是外汇市场。回想一下,资本净流出 = 净出口,或者 $NCO = NX$。这是因为,如果净出口是正的,美国人就必定用从净出口中赚到的美元去增加他们外国资产的持有量,这使资本净流出为正,数量与净出口相等。在外汇市场上,资本净流出代表为购买外国净资产而供给的美元量,净出口代表为购买美国净出口所需要的美元量。美元需求与真实汇率负相关是因为,真实汇率上升意味着美国物品较为昂贵,而且,对外国和本国购买者缺乏吸引力,这引起净出口下降。外汇市场上美元的供给曲线是垂直的,因为资本净流出(美元供给的来源)不取决于真实汇率,而取决于真实利率。资本净流出之所以不取决于真实汇率,是因为尽管美元坚挺使美国人可以购买更多外国股票从而增加了国外投资的吸引力,但(由于美元坚挺)当赚取的利润只能转换回较少美元时,这个好处便被抵消了。我们假设,在论述外汇市场时真实利率是既定的。图 32-1(c)表示外汇市场的美元供求,这个市场上美元的供求状况决定了汇率。在均衡时,用于净出口的美元需求量与用于购买外国净资产的美元供给量相等。

2. 开放经济中的均衡

可贷资金市场和外汇市场通过资本净流出相联系。在可贷资金市场上,资本净流出与私人投资一样是需求的一部分。在外汇市场上,资本净流出是供给的来源。资本净流出量与真实利率负相关,因为当美国真实利率高时,美国的资产更有吸引力,且美国的资本净流出较低。图 32-1(b)显示了这一点。

不要孤立地来看图 32-1 中的每一幅图,我们可以把它们视为一个整体,并说明这两个市

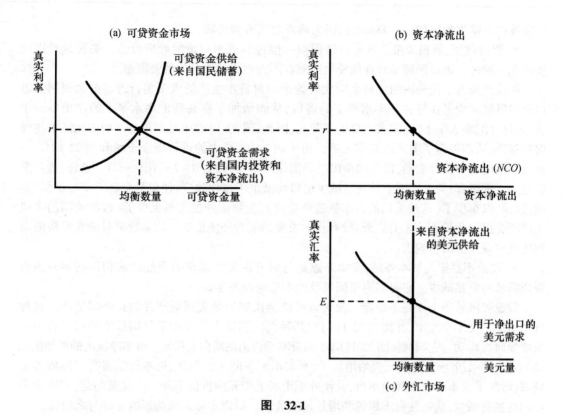

(a) 可贷资金市场

真实利率

可贷资金供给
（来自国民储蓄）

r

可贷资金需求
（来自国内投资和
资本净流出）

均衡数量　可贷资金量

(b) 资本净流出

真实利率

r

资本净流出 (NCO)

均衡数量　资本净流出

真实汇率

来自资本净流出
的美元供给

E

用于净出口的
美元需求

均衡数量　美元量

(c) 外汇市场

图　32-1

场如何同时决定真实利率、真实汇率、资本净流出、净出口、储蓄和国内投资的均衡值。

图 32-1（a）中可贷资金的供求决定了真实利率。图 32-1（a）中的真实利率决定了图 32-1（b）中资本净流出的量。资本净流出的量是图 32-1（c）中外汇市场上的美元供给。在外汇市场中，这条供给曲线与美元的需求曲线（由净出口决定）共同决定了图 32-1（c）中的真实汇率。我们既可以将资本净流出的增加看做可贷资金需求的增加，也可以将其看做可贷资金供给的减少。同样，我们既可以将净出口的减少（进口的增加）看做外汇市场上对美元需求的下降，也可以将其看做外汇市场上美元供给的增加。

3. 政策和事件如何影响开放经济

我们可以用这个模型来说明各种政府政策和其他事件如何影响模型中各种变量的均衡值。

● 政府预算赤字：政府预算赤字增加减少了国民储蓄，从而使图 32-1（a）中的可贷资金供给曲线向左移动。可贷资金供给减少提高了国内真实利率，并挤出了国内投资。这与封闭经济的情况没有什么不同。但是，在开放经济中，国内真实利率上升使国外投资的吸引力减少（并使国内投资对外国人更有吸引力），因此，图 32-1（b）中的资本净流出量减少。这就减少了图 32-1（c）中外汇市场的美元供给，因为为购买外国资产而供给美元的人少了。这提高了美元的真实汇率并减少了净出口（等于资本净流出的减少）。因此，预算赤字增加减少了国民储蓄，提高了真实利率，挤出了投资，减少了资本净流出，提高了真实汇率，并使贸易余额向赤字方向变动。

要注意的是，我们的模型表明政府预算赤字引起贸易赤字。因此，预算赤字和贸易赤字通常被称为**孪生赤字**(Twins Deficit),因为两者之间密切关联。

- 贸易政策:**贸易政策**是政府直接影响一国进口或出口量的政府政策。**关税**是对进口物品征收的税。**进口配额**是对在国外生产而在国内销售的物品的数量限制。

假设政府为了使美国的贸易余额变为盈余而对日本生产的汽车实行进口配额限制。进口配额限制减少了在每种汇率水平下的进口,从而增加了在每种汇率水平下的净出口。于是,在每种汇率水平下,外国人需要更多美元,因此,图32-1(c)中外汇市场上的美元需求曲线向右移动,从而提高了美元的真实汇率。由于图32-1(a)中的可贷资金市场和图32-1(b)中的资本净流出都没有变动,最后的净出口必定保持不变,因为 $S - I = NCO = NX$。这样,进口配额减少了进口,但美元汇率上升通过减少出口而抵消了这种效应,使贸易余额不变。结果,美国进口的汽车少了(这使美国的汽车制造商受益),卖给国外的飞机也少了(这使美国的飞机生产商受损),但除汇率上升之外,没有什么重要的宏观经济影响。贸易政策对微观经济的影响比对宏观经济的影响大。

- 政治不稳定与资本外逃:**资本外逃**是与对外国资产需求的突然增加相伴随的对国内资产需求的突然减少。它可能由于国内政治不稳定而发生。

假设美国政治上变得不稳定。投资者可能会决定出售美国资产并购买外国资产。这种行为增加了资本净流出,并使图32-1(a)中每种真实利率下可以用于外国投资的可贷资金需求曲线向右移动。它同时使图32-1(b)中的资本净流出曲线向右移动。资本净流出的增加使图32-1(c)中外汇市场上的美元供给增加了,真实汇率下降了。因此,资本外逃提高了国内真实利率,增加了资本净流出和净出口,并使外汇市场上美元的价值下降。要注意的是,利率上升使国内投资减少,从而使资本积累和增长速度放慢。对资本流入国的影响正好与之相反。

32.1.2 有益的提示

(1)国民储蓄的变动,无论是私人储蓄变动还是公共储蓄变动,都会引起同样的结果。我们在教科书中证明了政府预算赤字增加对一个开放经济的影响。它说明预算赤字引起国民储蓄中公共储蓄部分减少,并使可贷资金供给曲线向左移动。要注意的是,国民储蓄中私人储蓄部分的减少也使可贷资金的供给曲线向左移动。因此,我们也可以把教科书中给出的例子用于私人储蓄变动时的情况。(储蓄变动的不同来源将引起消费者与政府购买的物品量的差别,但不会改变我们的分析。)

(2)为了找出净出口的变动,记住 $NX = NCO$。当我们用模型找出政府政策或某个经济事件对开放经济中经济变量的影响时,没有一种方法能直接从任何一个图形上找出净出口(贸易余额)。但是,图32-1(b)中资本净流出的量总是直接可衡量的。由于 $NCO = NX$,只要资本净流出增加,就存在等量的净出口的增加(即贸易余额状况的改善);只要资本净流出减少,就存在等量的净出口的减少。

(3)资本外逃减少了国内投资。教科书和本章复习中关于资本外逃的讨论说明,资本外逃增加了资本净流出和外汇市场上国内通货的供给,从而降低了国内通货的汇率。既然这些活动增加了净出口(改善了贸易余额),那么为什么对于一个经济来说,资本外逃是坏事而不是好事呢?因为在可贷资金需求之内,资本净流出的增加吸收的国民储蓄量大于真实利率上升引起的国民储蓄微不足道的增加。因此,国内投资的减少量与净出口的增加量接近。结果,有资本外逃的国家的长期增长前景由于国内投资减少而变坏。

(4)回顾一下教科书中所用的那些例子。要理解教科书中说明的三个政策问题需要注意力高度集中。一旦你掌握了这些问题,你就会感到理解其他人的例证是非常轻松的。下一步只要从反方向理解同样的问题就可以了,也就是要理解预算赤字减少、贸易限制降低,以及资本流入的影响。这样,你可以自我检查一下对上述问题的理解,下面的第一道应用题就包括了变动原因相反的例子。

32.1.3 术语与定义

为每个关键术语选择一个定义。

关键术语	定　义
_____孪生赤字	1. 对在国外生产而在国内销售的物品的数量限制。
_____贸易政策	2. 直接影响一国进口或出口量的政府政策。
_____关税	3. 与对外国资产需求的突然增加相伴随的对本国资产需求的突然减少。
_____进口配额	4. 政府预算赤字和贸易赤字。
_____资本外逃	5. 对进口物品征收的税收。

32.2　应用题与简答题

32.2.1　应用题

1. 这道题包括了本章教科书中的例子,只是变动的原因相反。用图 32-1(见第 125 页)描述的模型回答以下问题。

   a. 假设政府减少了其预算赤字。用图 32-1 中曲线的移动来说明模型中的一系列事件,并讨论相关宏观经济变量的变动。

   b. 假设政府降低了对进口日本汽车的配额限制。用图 32-1 中曲线的移动来说明模型中的一系列事件,并讨论相关宏观经济变量的变动。

   c. 假设由于美国的政治状况被认为比世界其他国家更为稳定,因此资本突然流入美国。用图 32-1 中曲线的移动来说明模型中的一系列事件,并讨论相关宏观经济变量的变动。

2. a. 假设在每种真实利率水平下私人储蓄增加了。在我们的开放经济模型中,重要的宏观经济变量会发生什么变动?

   b. 你对上题的答案与政府减少其赤字时的答案有什么差别吗?为什么?

   c. 假设政府通过了一项在每种真实利率下增加国内投资的投资税收减免法案。这个变动如何影响模型中重要的经济变量?

   d. 比较你对问题 a(在每种真实利率下储蓄增加)的答案和对问题 c(在每种真实利率下国内投资增加)的答案。两者有什么差别吗?

3. 假设美国人对日本汽车的偏好增加了。(从日本的角度用开放经济模型回答这道题。)

   a. 在外汇市场上,对日元的需求会发生什么变动?

   b. 在外汇市场上,日元的价值会发生什么变动?

   c. 日本的净出口会发生什么变动?解释之。

d. 如果日本人卖的汽车更多了,那么日本其他物品的进口与出口情况应该怎样变动?

e. 观察你对问题 a 到 c 的回答。你认为日本出现对世界其他国家的整体贸易盈余是由于制造的汽车更好,还是由于其国内储蓄和资本净流出?解释之。

4. 假设人们感知到加拿大政治不稳定,这将引起资本逃往美国。

a. 从加拿大的角度看,外汇市场上发生了什么变动?

b. 从美国的角度看,外汇市场上发生了什么变动?

c. 你对问题 a 和 b 的回答相互一致吗?为什么?

d. 如果与美国经济相比,加拿大经济的规模较小,这个事件对两个国家的贸易余额分别有什么影响?

e. 未来哪个国家的经济增长会更快?为什么?

32.2.2 简答题

1. 解释一个开放经济中可贷资金需求的斜率。

2. 当我们计算可贷资金需求时,是将资本净流出加到国内投资中,还是从国内投资中减去资本净流出?解释之。

3. 解释外汇市场上美元供给的来源。

4. 解释外汇市场上美元需求的来源。

5. 为什么某些公司和工会尽管知道关税和进口配额不改变贸易余额,但仍然支持这些限制?

6. 假设美国物品和服务的质量下降了,结果外国人选择购买的美国物品少了。这会影响美国的贸易余额吗?为什么?

7. 如果资本从一国外逃,这个国家通货的价值会发生什么变动?解释之。

8. 美国居民储蓄增加对美国贸易余额和美元汇率有什么影响?解释之。

9. 为什么预算赤字和贸易赤字被称为"孪生赤字"?

10. 贸易限制(如关税和进口配额)改变了净出口吗?

32.3 自我测试题

32.3.1 判断正误题

_____ 1. 资本净流出是外国人购买的本国资产减去本国居民购买的外国资产。

_____ 2. 一国的资本净流出总等于其净出口。

_____ 3. 在其他条件不变的情况下,一国真实利率上升减少了资本净流出。

_____ 4. 美国资本净流出的增加使外汇市场上的美元供给增加了,并使美元真实汇率下降。

_____ 5. 如果工会劝说美国人"买美国货",这就将改善美国的贸易余额(使其向盈余方向变动)。

_____ 6. 如果一国的资本净流出是正的,这就增加了对可贷资金的需求。

_____ 7. 政府预算赤字增加使可贷资金供给曲线向右移动。

_____ 8. 政府预算赤字增加会引起美元的真实汇率贬值。

_____9. "孪生赤字"这个词指一国的贸易赤字和政府预算赤字。

_____10. 如果美国提高对进口糖的关税,就会减少进口,并改善贸易余额。

_____11. 如果美国提高对进口糖的关税,国内糖的生产者将受益,但美元将升值,从而国内出口物品的生产者将受损。

_____12. 政府预算赤字增加减少了净出口。

_____13. 经历着资本外逃的国家将经历资本净流出和净出口的减少。

_____14. 如果美国人增加储蓄,外汇市场上美元就将升值。

_____15. 墨西哥净出口增加将增加外汇市场上对比索的需求,比索将升值。

32.3.2 单项选择题

1. 以下哪一项关于可贷资金市场的表述不正确?
   a. 一国的资本净流出增加提高了真实利率
   b. 一国的资本净流出增加使可贷资金的供给曲线向左移动
   c. 国内投资增加使可贷资金的需求曲线向右移动
   d. 一国资本净流出减少使可贷资金的需求曲线向左移动

2. 政府预算赤字增加_____。
   a. 提高了真实利率并挤出了投资
   b. 降低了真实利率并挤出了投资
   c. 对真实利率没有影响,也不会挤出投资,因为外国人购买有赤字国家的资产
   d. 以上各项都不是

3. 以下哪一项关于可贷资金市场的表述是正确的?
   a. 私人储蓄增加使可贷资金的供给曲线向左移动
   b. 政府预算赤字的减少提高了真实利率
   c. 政府预算赤字的增加使可贷资金的供给曲线向右移动
   d. 政府预算赤字的增加使可贷资金的供给曲线向左移动

4. 在其他条件不变的情况下,美国较高的真实利率_____。
   a. 增加了美国的资本净流出,因为美国居民和外国人喜欢在美国投资
   b. 减少了美国的资本净流出,因为美国居民和外国人喜欢在美国投资
   c. 减少了美国的资本净流出,因为美国居民和外国人喜欢在国外投资
   d. 以上各项都不是

5. 欧洲人对美国生产的福特汽车的偏好提高引起美元_____。
   a. 贬值,以及美国净出口增加
   b. 贬值,以及美国净出口减少
   c. 升值,以及美国净出口增加
   d. 升值,以及美国净出口减少
   e. 升值,但美国净出口保持不变

6. 美国政府预算赤字的增加_____。
   a. 增加了美国净出口,且减少了美国的资本净流出
   b. 减少了美国净出口,且增加了美国的资本净流出
   c. 减少了同样数量的美国净出口和美国资本净流出
   d. 增加了同样数量的美国净出口和美国资本净流出

7. "孪生赤字"这个词是指_____。
   a. 一国的贸易赤字和其政府预算赤字
   b. 一国的贸易赤字和其资本净流出赤字

c. 一国的储蓄赤字和其投资赤字的相等

d. 如果一国有贸易赤字,其贸易伙伴必定也有贸易赤字这一事实

8. 以下哪一项关于外汇市场的表述是正确的?

a. 美国净出口增加增加了美元供给,并引起美元贬值

b. 美国净出口增加减少了美元供给,并引起美元贬值

c. 美国净出口增加减少了美元需求,并引起美元升值

d. 美国净出口增加增加了美元需求,并引起美元升值

9. 以下哪一项关于外汇市场的表述是正确的?

a. 美国资本净流出增加增加了美元供给,并引起美元升值

b. 美国资本净流出增加增加了美元供给,并引起美元贬值

c. 美国资本净流出增加增加了美元需求,并引起美元升值

d. 美国资本净流出增加增加了美元需求,并引起美元贬值

10. 如果美国对中国生产的服装实行进口配额,以下哪一项关于美国外汇市场的表述是正确的?

a. 美元供给增加,并引起美元贬值

b. 美元供给减少,并引起美元升值

c. 美元需求增加,并引起美元升值

d. 美元需求减少,并引起美元贬值

11. 如果美国对中国生产的服装实行进口配额,那么以下哪一项关于美国净出口的表述是正确的?

a. 净出口将增加

b. 净出口将减少

c. 净出口将保持不变

d. 以上各项都不是

12. 假设由于政治不稳定,墨西哥人突然选择了投资于美国资产而不是墨西哥资产。以下哪一项关于美国资本净投资的表述是正确的?

a. 美国资本净流出增加

b. 美国资本净流出减少

c. 美国资本净投资不变,因为只有美国公民才能改变美国的资本净流出

d. 以上各项都不是

13. 假设由于政治不稳定,墨西哥人突然选择了购买美国资产而不购买墨西哥资产。以下哪一项关于美元价值和美国净出口的表述是正确的?

a. 美元升值,美国的净出口减少

b. 美元贬值,美国的净出口减少

c. 美元升值,美国的净出口增加

d. 美元贬值,美国的净出口增加

14. 美国私人储蓄增加_____。

a. 增加了美国的净出口,并减少了美国的资本净流出

b. 减少了美国的净出口,并增加了美国的资本净流出

c. 减少了同样数量的美国净出口和美国资本净流出

d. 增加了同样数量的美国净出口和美国资本净流出

15. 以下哪一项关于贸易政策的表述是正确的?

a. 限制性进口配额增加了一国的净出口

b. 限制性进口配额减少了一国的净出口

c. 一国的贸易政策对其贸易余额的大小没有影响

d. 以上各项都不是

16. 以下哪一个群体不能从美国对日本汽车的进口配额中获益?

a. 福特汽车公司的股东

b. 出口粮食的美国农民

c. 美国汽车工人联合会会员

d. 购买日本电器的美国消费者

17. 以下哪一项是贸易政策的例子?
   a. 政府预算赤字增加,因为它减少了一国的净出口
   b. 资本外逃,因为它增加了一国的净出口
   c. 对糖征收的关税
   d. 以上各项都是

18. 出口补贴对以下哪一项有抵消作用?
   a. 关税
   b. 资本外逃
   c. 政府预算赤字
   d. 私人储蓄增加

19. 美国政府预算赤字对以下哪一个群体的伤害最大?
   a. 希望购买外国生产的汽车的美国居民
   b. 可贷资金的债权人
   c. 希望购买美国资产的外国人
   d. 希望把喷气式飞机卖给沙特阿拉伯的波音飞机制造厂

20. 资本外逃_____。
   a. 减少了一国的净出口,并提高了其长期增长速度
   b. 减少了一国的净出口,并降低了其长期增长速度
   c. 增加了一国的净出口,并降低了其长期增长速度
   d. 增加了一国的净出口,并提高了其长期增长速度

习 题 答 案

32.1.3　术语与定义

__4__ 孪生赤字　　　　　__1__ 进口配额
__2__ 贸易政策　　　　　__3__ 资本外逃
__5__ 关税

32.2.1　应用题

1. a. 图32-1(a)中,可贷资金供给曲线向右移动,真实利率下降。资本净流出增加,外汇市场上美元供给增加,并引起真实汇率下降。储蓄和国内投资增加,贸易余额向盈余方向变动。

   b. 图32-1(c)中,随着进口增加,在每一种汇率时净出口减少,这引起外汇市场上的美元需求曲线向左移动。真实汇率下降使净出口增加到其原来的水平。贸易余额没有变,但贸易量更多了(更多的进口与更多的出口)。

   c. 随着美国居民和外国人购买的美国资产减少,资本净流出减少。图32-1(a)中,可贷资金需求曲线向左移动。图32-1(b)中,资本净流出曲线向左移动是因为在每种利率水平下的资本净流出减少,这引起外汇市场上美元供给曲线向左移动,汇率上升。结果,真实利率下降,资本净流出和净出口减少,美元升值,国内投资增加。

2. a. 图32-1(a)中,可贷资金供给曲线向右移动,真实利率下降。资本净流出增加,这增加了外汇市场上的美元供给,并引起真实汇率下降。储蓄和国内投资增加,贸易余额向盈余方向变动。

   b. 没有差别,因为国民储蓄的增加是无关紧要的。无论哪一个因素都使可贷资金供

给曲线向右移动。

   c. 可贷资金需求增加,真实利率上升,资本净流出和净出口减少,外汇市场上美元供给减少,这提高了美元的价值。国内储蓄和投资增加了。

   d. 国内储蓄和投资都增加,但储蓄增加使贸易余额向盈余方向变动,而投资需求增加使贸易余额向赤字方向变动。

3. a. 对日元的需求增加,需求曲线向右移动。

   b. 真实汇率上升,因此,日元升值。

   c. 资本净流出不变,因此,净出口的总量不变。

   d. 如果净出口不变,它们必须进口更多的其他物品,出口更少的其他物品。

   e. 净出口作为一个总量由资本净流出决定,因此,日本的整体贸易盈余水平取决于其储蓄行为。但是,其出口的构成可能取决于物品的相对质量。

4. a. 加元的供给减少,从而加元贬值。

   b. 美元的供给增加,从而美元升值。

   c. 一致。加元价值相对于美元下降,美元的价值相对于加元上升。

   d. 加元价值下降所引起的其净出口增加的百分比将大于美国净出口减少的百分比。

   e. 加拿大增加了对美国的资本净流出,而美国减少了对加拿大的资本净流出,因此,美国的经济增长会更快。

32.2.2 简答题

1. 斜率为负,因为高真实利率降低了为在国内购买资本而借款的欲望,而且,它也抑制了本国居民购买外国资产,并鼓励外国居民购买本国资产。

2. 如果资本净流出是正的,它就增加了可贷资金的需求。如果资本净流出是负的,它就减少了可贷资金的需求。

3. 它来自美国居民用于资本净流出的美元。

4. 它来自购买美国产品的外国人的美元需求。

5. 因为贸易限制可以改善一些面临进口竞争的国内公司的销售状况。但与此同时,贸易限制大大损害了其他生产出口物品的国内公司。

6. 不会。它减少了外汇市场的美元需求,并降低了美元价值,以保持净出口不变。

7. 它增加了外汇市场上这种通货的供给,并降低了其汇率。

8. 它降低了美国的真实利率,增加了资本净流出和净出口,增加了外汇市场上的美元供给,并降低了美元的汇率。

9. 因为预算赤字在提高国内真实利率时会引起贸易赤字,从而会减少资本净流出和净出口。

10. 由于 $NX = NCO$,贸易限制不会改变净出口的总价值。贸易限制的提高等量地减少了进口和出口。

32.3.1 判断正误题

1. 错误;资本净流出是本国居民购买的外国资产减去外国人购买的本国资产。

2. 正确。

3. 正确。

4. 正确。

5. 错误;净出口不变,因为资本净流出
不变。

6. 正确。

7. 错误;政府预算赤字增加使可贷资金
供给曲线向左移动。

8. 错误;政府预算赤字增加提高了真实
汇率。

9. 正确。

10. 错误;净出口不变,因为资本净流出
不变。

11. 正确。

12. 正确。

13. 错误;经历着资本外逃的国家将经
历资本净流出和净出口的增加。

14. 错误;美元将贬值。

15. 正确。

32.3.2 单项选择题

1. b　　2. a　　3. d　　4. b　　5. e　　6. c　　7. a　　8. d　　9. b　　10. c
11. c　　12. b　　13. a　　14. d　　15. c　　16. b　　17. c　　18. a　　19. d　　20. c

第 *12* 篇　短期经济波动

第 33 章
总需求与总供给

目　　标

在本章中你将

- 了解有关短期波动的三个关键事实
- 考虑短期中的经济与长期中的经济有什么不同
- 用总需求与总供给模型解释经济波动
- 说明总需求或总供给曲线的移动如何引起经济繁荣和衰退

效　　果

在实现这些目标之后，你应该能

- 解释为什么"经济周期"这一术语是一种误导
- 解释为什么短期内货币不可能是中性的
- 列出总需求曲线向右下方倾斜的三个原因
- 说明石油价格冲击对国民经济的短期效应和长期影响

33.1 本章概述

33.1.1 本章复习

过去50年间,美国的真实GDP每年增长3%左右。但是,在某些年份,GDP也经历了收缩。产出和收入下降,失业增加,而且程度并不太严重的时期,我们称之为**衰退**;当衰退严重时,我们称之为**萧条**。美国经济在2007年年末到2009年年初经历了一次严重的衰退。本章集中分析经济中围绕长期趋势的短期波动。为了更好地分析,我们运用总需求与总供给模型。

1. 关于经济波动的三个关键事实

- 经济波动是无规律的,而且也是无法预测的:尽管经济波动经常被称为**经济周期**,但"经济周期"这个术语会引起一些误解,因为它表明经济波动会遵循有规律的、可预测的形式。但在现实中,经济波动往往是无规律的,而且也是无法预测的。

- 大多数宏观经济指标是同时波动的:尽管通常可以用真实GDP监测经济中的短期变动,但实际上用哪一种经济活动衡量指标无关紧要,因为大多数衡量收入、支出或生产的宏观经济变量会发生同方向的变动,虽然变动的量会有所不同。在各个经济周期中,变动非常剧烈的一种支出类型是投资。

- 随着产量减少,失业增加:当真实GDP下降的时候,失业率上升,因为当企业生产的物品与服务减少的时候,它们就会解雇工人。

2. 解释短期经济波动

古典理论依据的是古典二分法和货币中性。回想一下,古典二分法是把经济变量分为真实变量和名义变量,而货币中性是指货币供给变动只影响名义变量、不影响真实变量的特征。大多数经济学家认为,这些古典假设是对长期经济的准确描述,但不是对短期经济的准确描述。也就是说,在长期中,货币供给的变动只影响物价,但不影响真实GDP、失业、真实工资等真实变量。但是,在短期中,货币和物价这类名义变量的变动也会影响真实变量。这就是说,在短期中,名义变量和真实变量并不是独立的。其结果是,在短期中,货币量的改变能暂时地使得真实GDP偏离其长期趋势。

我们用**总供给与总需求模型**来解释经济波动。这个模型可以画成以CPI或GDP平减指数衡量的物价水平为纵轴、以真实GDP为横轴的图形。**总需求曲线**表示在每种物价水平下,家庭、企业、政府和国外消费者希望购买的物品与服务量。它向右下方倾斜。**总供给曲线**表示在每种物价水平下,企业生产并出售的物品与服务量。它向右上方倾斜(短期中)。物价水平和产量的调整使总需求与总供给平衡。这个模型看起来很像微观经济学中的供求模型。但是,总供给和总需求曲线的倾斜和移动的原因与微观经济模型有所不同。

3. 总需求曲线

图33-1显示了总供给与总需求模型。

总需求曲线表示在每种物价水平下物品与服务的需求量。回想一下,GDP = C + I + G + NX。为了说明总需求曲线为什么向右下方倾斜,我们要说明物价水平对消费(C)、投资(I)和净出口(NX)的影响。[我们不考虑政府支出(G),因为它是固定的政策变量。]由于以下原因,物价水平下降增加了消费、投资和净出口。

- 物价水平与消费：财富效应。在物价水平低时，消费者钱袋中固定的名义货币的价值增加了。消费者感到更富有，而且支出增加，这就增加了总需求中的消费部分。

- 物价水平与投资：利率效应。在物价水平低时，家庭只需要持有少量货币来购买相同的物品。他们通过购买股票或存入银行把一些钱贷出去，无论哪种做法都降低了利率，并刺激了总需求中的投资部分。（降低的利率也会刺激人们对耐用消费品的支出。）

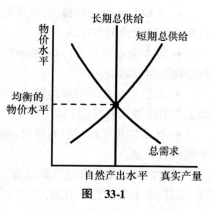

图 33-1

- 物价水平与净出口：汇率效应。正如以上所描述的，由于物价水平下降引起利率下降，因此一些美国投资者将到国外投资，这就增加了外汇市场的美元供给。这种行为引起美元的真实汇率下降，引起本国物品与外国物品的相对价格下降，并增加了总需求中的净出口部分。

以上所描述的三种效应也会反向发生作用。总需求曲线向右下方倾斜的所有这三种解释都假设货币供给是固定的。

当某些原因引起每种物价水平下的需求量变动时，它会引起总需求曲线的移动。以下事件和政策会引起总需求移动。

- 消费变动引起的移动：如果消费者储蓄得更多，或者如果股票价格下降从而消费者感到更穷了，或者如果税收增加，则消费者的支出变少，总需求曲线向左移动。

- 投资变动引起的移动：如果企业对未来变得乐观并决定购买新设备，或者如果投资税收减免增加了投资，或者如果美联储增加了货币供给，从而降低了利率并增加了投资，则总需求曲线向右移动。

- 政府购买变动引起的移动：如果联邦、州或地方政府增加了购买，则总需求曲线向右移动。

- 净出口变动引起的移动：如果外国发生了衰退，从而从美国购买的物品少了，或者如果外汇市场上美元升值，则净出口减少，总需求曲线向左移动。

4. 总供给曲线

总供给曲线表示在每种物价水平下企业生产并销售的物品与服务量。在长期中，总供给曲线是垂直的，而在短期中，它向右上方倾斜。我们可以用图 33-1 来说明这两条供给曲线。

长期总供给曲线是垂直的，因为在长期中物品与服务的供给取决于资本、劳动和自然资源的供给以及生产技术。在长期中，物品与服务的供给不取决于物价水平。这是古典二分法和货币中性的图形表示。这就是说，如果物价水平上升，而且所有物品的价格同时上升，将不影响产量或任何其他真实变量。

长期总供给曲线表示的生产水平有时称为潜在产量或充分就业产量。由于产量在短期中可以暂时高于或低于这个水平，因此，更准确的名称是**自然产出水平**，因为这是失业处于其自然水平或正常水平时生产的产量。改变自然产出水平的任何事件都使长期总供给曲线向右或向左移动。由于在长期中产量取决于劳动、资本、自然资源和技术知识，因此我们就把长期总供给曲线移动的原因归入这些类别：

- 劳动变动引起的移动:如果有外国移民或最低工资下降引起的自然失业率下降,那么长期总供给曲线向右移动。
- 资本变动引起的移动:如果物质资本或人力资本增加,从而生产率提高,那么长期总供给曲线向右移动。
- 自然资源变动引起的移动:如果发现了新资源,或者天气状况发生有利变动,那么长期总供给曲线向右移动。
- 技术知识变动引起的移动:如果新发明投入应用,或对外贸易开放,那么长期总供给曲线向右移动。

可以把长期增长和通货膨胀表示为长期总供给曲线(由以上描述的事件引起的)向右移动,而且,由于货币供给增加,总需求曲线向右移动得更大。因此,随着时间的推移,产量增加,同时物价也会上升。

短期总供给曲线向右上方倾斜,这是因为物价水平变动引起短期内(比如说一年或两年内)产量背离其长期水平。有三种理论解释短期总供给曲线向右上方倾斜,而且,这三种理论都有一个共同的主题:当实际物价水平大于预期的物价水平时,产量增加到高于自然产出水平。这三种理论是:

- 黏性工资理论:假设企业和工人根据预期的物价水平一致同意一项名义工资合同。如果物价水平下降到预期的水平之下,企业将支付同样的工资,但物品的价格降低了,这降低了企业的利润,使企业减少雇用的工人数量,并减少物品和服务的供给量。
- 黏性价格理论:由于企业变动价格需要成本,称为**菜单成本**,因此,一些企业在不可预期的物价下降时并不降低自己的价格。因此,它的价格"如此之高"致使它们的销售量减少,从而引起物品与服务的供给量减少。
- 错觉理论:当出现未预期到的物价水平下降时,供给者只注意到自己生产的某种物品的价格下降了。因此,他们错误地认为其物品的相对价格下降了,这就引起他们减少物品与服务的供给量。

以上所描述的三种效应也会在相反方向起作用。

要注意以上解释的两个特点:(1)在每种情况下,供给量的变动是因为实际价格背离了预期的价格;(2)这种效应是暂时的,因为人们将随着时间的推移调整自己的预期。我们可以用数学方法表示总供给:

$$供给量 = 自然产出水平 + \alpha(实际物价水平 - 预期物价水平)$$

式中,α 是一个决定产量对未预期到的物价水平变动反应有多大的数字。

使长期总供给曲线移动的事件也会使短期总供给曲线发生同方向的移动。但是,短期总供给曲线可以在长期总供给曲线保持不变时移动。在短期中,物品与服务的供给量取决于感知、工资和价格,而所有这些都根据预期的物价水平来确定。例如,如果工人和企业预期物价高,他们就会把工资定得更高,这在每种物价水平下降低了生产的获利性,并减少了物品与服务的供给量。因此,短期总供给曲线向左移动。较低的预期物价水平使短期总供给曲线向右移动。一般来说,引起生产成本增加的事件(工资或石油价格上升)将使短期总供给曲线向左移动,而生产成本减少将引起短期总供给曲线向右移动。

5. 经济波动的两个原因

图 33-2 显示了长期均衡的总供给与总需求模型。这就是说,产量水平在总需求与长期总

供给相交的长期自然产出水平那一点,而且,正如短期总供给曲线相交于同一点上所表示的,感知、工资和价格完全调整到实际物价水平。

衰退的基本原因有两个:总需求曲线向左移动以及总供给曲线向左移动。

- **总需求曲线移动**。我们采取一个分四步的方法:(1)确定经济事件影响哪条曲线。(2)确定曲线移动的方向。(3)确定新的短期均衡。(4)确定从短期均衡到长期均衡的过渡。

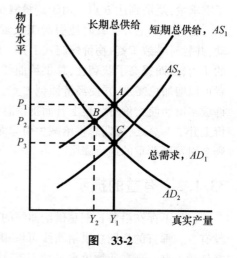

图 33-2

假设家庭由于对未来悲观或焦虑而削减支出。在每一种物价水平下,消费者支出减少会使图 33-2 中的总需求曲线向左移动。在短期中,由于未预期到的物价水平下降,经济移动到 B 点。当价格下降到低于预期水平时,黏性工资、黏性价格与关于相对价格的错觉会使得企业纷纷削减生产。我们可以看到,经济在点(P_2,Y_2)正处于衰退,因为产量低于其自然产出水平。随着时间的不断推移,衰退将自行补救或自行校正。由于实际物价低于以前的预期,随着时间的不断推移,物价预期将下降,工资和物价会下降到相当于 P_3 的水平。特别是,黏性工资理论表明,一旦工人和企业预期物价将下降,它们会协议降低工资。这使得生产增加,短期总供给曲线向右移动,并使经济达到 C 点。决策者可以通过增加政府支出或增加货币供给来增加总需求,从而消除衰退,如果政府正确地这样做了,经济将回到 A 点。总之,在短期中,总需求曲线移动引起产量波动。在长期中,总需求曲线移动只引起物价变动。决策者可以潜在地减轻经济波动的严重性。

图 33-2 可用来证明在短期中货币会发挥作用,但在长期中货币仍是中性的。最初的均衡点是 A 点,如果美联储减少了货币供给,经济均衡点移向 B 点,并经历衰退。因为产出下降了,我们说货币发挥了作用。在长期中,价格预期和工资下降,经济移向 C 点。产量回到自然产出水平,价格下降。因此,在长期中货币是中性的。

美国两次最大的总需求冲击是大萧条时期的总需求曲线向左移动和第二次世界大战期间的总需求曲线向右移动。2008—2009 年的经济衰退引起了总需求的显著减少。2006 年住房价格开始下降,造成借款者的贷款违约。银行取消抵押品的赎回权并出售了那些造成新住房建设支出崩溃的房子。那些拥有支持住房抵押贷款证券的金融机构遭受了损失并减少了贷款。所有这些导致了总需求曲线向左移动。政府尝试让总需求曲线向右移动。美联储降低利率,国会对金融体系进行救助,政府扩大其支出。

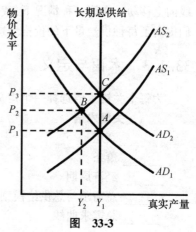

图 33-3

- **总供给曲线移动**。这里,我们同样用前面所述的四步法。假设石油输出国组织提高了石油价格,从而增加了许多企业的生产成本。因为这降低了获利性,所以在每一种物价水平下企业的产量减少,在图 33-3 中短期总供给曲线向左移动。在短期中物价上升,沿着总需求曲线减少了需求量,经济到达 B 点。由于产量减少(停滞)和物价水平上升(通货膨胀),经济经历了**滞胀**。物价水平上升会暂时地引起工人索要更高的工资,进一步地使短期总供给曲线向左移动,并暂时导致工资-物价螺旋式上升。但是,在长期中,Y_2 处的失业会对工人工资造成下降的压力,从而提高了获利性,总供给曲线回到原来的位置,从而使经济回到 A 点。此外,决策者可以增加总需求,并使经济回到 C 点,并同时避免经济到达 B 点。这时,决策者可以通过允许成本增加使物价持久地上升而抵消总供给曲线的向左移动。产量回到长期均衡水平,但物价上升了。总之,短期总供给减少引起滞胀。假如为了增加产量,决策者使总需求曲线移动,则会引发更严重的通货膨胀。

33.1.2　有益的提示

(1) 不存在沿着长期总供给曲线的真实变量的变动。当所有物价变动相同时,真实变量没有变。垂直的长期总供给曲线可以很直观地证明这一经典结论。在长期总供给曲线上选择任意一点。现在使物价水平和工资这类名义值翻一番。虽然物价水平翻了一番,但包括真实工资 W/P 在内的相对价格仍然不变。任何一个人的生产激励没有变,从而产出也没有变。这就说明,如果经济只是暂时地处于某个产量水平而不是长期的自然产出水平,那么至少有一些工资或物价没有调整到长期均衡的物价水平。这至少引起一些相对价格发生变动,并刺激或抑制了生产。实际上,这引起了沿着短期总供给曲线的变动。

(2) 产量可以波动到高于或低于自然产出水平。教科书中经济波动的例子往往集中在衰退上。也就是说,这些例子是用来说明低于自然水平时的产量。但是,要注意的是,产量也可能由于失业低于自然失业率水平而暂时高于自然产出水平。这种经济状态称为繁荣。当存在有利的总需求冲击时——例如,货币供给增加、国内投资增加或者政府购买增加——就会出现繁荣。当存在有利的总供给冲击时——例如,石油价格下降或者工会对工资上涨的要求减弱——也会出现繁荣。为了帮助你理解,我们将在后面的习题中用到这些例子。

(3) 你可以左右或上下移动短期总供给曲线。假设工人的工资上升,我们可以说明工资上升将增加生产成本,减少每种物价水平下的获利性,并减少每种物价水平下的产量。这就是说,这将使短期总供给曲线向左移动。但是,我们可以说明工资上升将增加生产成本,要求企业为了继续保持同样产量水平而收取更高的价格。这就是说,它使图形上的短期总供给曲线向上移动。在第一种情况下,我们减少了每种物价水平下的供给量。在第二种情况下,我们提高了每种供给量下的价格。这两种情况所引起的移动是相同的。

33.1.3　术语与定义

为每个关键术语选择一个定义。

关键术语	定　义
＿＿＿＿衰退	1. 与改变价格相关的成本。
＿＿＿＿萧条	2. 短期经济波动。
＿＿＿＿经济周期	3. 针对短期总供给减少的、增加总需求的政策。
＿＿＿＿总需求与总供给模型	4. 不太严重的收入下降和失业增加的时期。
＿＿＿＿总需求曲线	5. 表示在每种物价水平下,家庭、企业和政府想购买的物品与服务数量的曲线。

＿＿＿＿＿＿总供给曲线　　　6. 一个经济在长期中当失业率处于其正常水平时达到的物品与服务的生产水平。

　　＿＿＿＿＿＿自然产出水平　　7. 产量减少而物价上升的时期。

　　＿＿＿＿＿＿菜单成本　　　　8. 严重的收入下降和失业增加的时期。

　　＿＿＿＿＿＿滞胀　　　　　　9. 表示在每种物价水平下企业愿意生产的物品与服务数量的曲线。

　　＿＿＿＿＿＿抵消性政策　　　10. 大多数经济学家用来解释经济中围绕长期趋势的短期波动的模型。

33.2　应用题与简答题

必要时在草稿纸上画出总需求与总供给模型的图形,以帮助你回答以下问题。

33.2.1　应用题

1. 针对以下四种情况,通过回答以下三个问题,找出每种冲击对总需求与总供给模型的影响:短期中物价与产量发生了什么变动? 如果允许经济自身调整到长期均衡,长期中物价和产量发生了什么变动? 如果决策者用干预政策使产量回到自然产出水平,而不让经济自我调整,则这些干预将使总需求曲线向哪一个方向变动?

   a. 总需求曲线向左移动。

   b. 总需求曲线向右移动。

   c. 短期总供给曲线向左移动。

   d. 短期总供给曲线向右移动。

2. 以下事件对哪一项有初始影响:总需求、短期总供给、长期总供给,或者短期与长期总供给? 曲线是向右还是向左移动?

   a. 政府修复年久的道路和桥梁。

   b. 石油输出国组织提高石油价格。

   c. 政府增加失业补助,这提高了自然失业率。

   d. 美国人感到自己的工作更有保障,并变得更为乐观。

   e. 计算机在钢铁制造中的应用取得了技术进步。

   f. 政府提高最低工资。

   g. 由于预期物价水平下降,新毕业大学生的工资要求下降了。

   h. 美联储减少货币供给。

   i. 干旱摧毁了中西部的大部分农作物。

3. 假设经济处于长期均衡,再假设美联储突然增加货币供给。

   a. 在总需求与总供给模型中,可以通过解释哪一条曲线以哪一种方式移动来说明这个事件的初始影响?

   b. 短期中物价水平和真实产量会发生什么样的变动?

   c. 如果允许经济对货币供给增加作出调整,那么长期中物价水平和真实产量与其原来的水平相比又会发生什么样的变动? 经济学家们将货币供给对经济的长期影响称为什么?

d. 货币供给增加能使产量永远高于自然产出水平吗？为什么？

4. 假设经济处于长期均衡。再假设工人和企业突然预期未来物价上升，并一致同意提高工资。

   a. 在总需求与总供给模型中，可以通过解释哪一条曲线以哪一种方式移动来说明这个事件的初始影响？

   b. 短期中物价水平和真实产量发生了什么变动？

   c. 这种产量和物价变动的组合，我们称它为什么？

   d. 如果决策者想使产量回到自然产出水平，那么他们应该做些什么？

   e. 如果决策者能使产量回到自然产出水平，那么这种政策对物价有什么影响？

   f. 如果决策者什么也不做，随着经济自我校正或调整回到自然产出水平，那么工资会发生什么变动？

   g. 仅仅是物价预期上升和工资上升能引起物价水平长期上升吗？解释之。

5. 假设经济处于图 33-2（见第 141 页）中的 *B* 点。这就是说，总需求减少，而经济处于衰退中。用以下三种理论中的短期总供给曲线，说明经济自身调节到 *C* 点必需的调整过程。

   a. 黏性工资理论

   b. 黏性价格理论

   c. 错觉理论

   d. 你认为上述类型的调整是在衰退状态下进行得更快，还是在产量高于长期自然产出水平时更快？为什么？

33.2.2　简答题

1. 说出关于经济波动的三个关键事实。

2. 总需求曲线向右下方倾斜的三个原因是什么？解释之。

3. 用黏性工资理论解释短期总供给曲线的斜率。

4. 在短期中，总需求的移动能改变产出吗？为什么？

5. 在长期中，总需求的移动能改变产出吗？为什么？

6. 如果经济正处于衰退中，那么为什么决策者会选择以调整总需求来消除衰退，而不是让经济自我补救或是自我校正？

7. 在经济周期中，总需求的哪一部分变动最大？

8. 为什么在短期中货币供给的减少不可能是中性的？

9. 假设石油输出国组织瓦解，石油价格大幅度下降。起初，在总需求与总供给模型中，哪一条曲线移动？向哪个方向移动？物价水平和真实产量会发生什么变动？

10. 什么会引起短期总供给曲线和长期总供给曲线同时移动？什么只是引起短期总供给曲线移动而长期总供给曲线保持不变？

33.3　自我测试题

33.3.1　判断正误题

_____1. 在过去 50 年间，美国的真实 GDP 每年增长 5% 左右。

_____ 2. 投资是经济周期中非常容易变动的支出的组成部分。

_____ 3. 物价预期上升使长期总供给曲线向左移动。

_____ 4. 如果古典二分法和货币中性在长期中成立,那么长期总供给曲线就应该是一条垂线。

_____ 5. 经济学家把产量的波动作为"经济周期",因为产量的变动是有规律且可预测的。

_____ 6. 总需求曲线向右下方倾斜的一个原因是财富效应:物价水平下降增加了货币持有量的价值并增加了消费支出。

_____ 7. 如果美联储增加货币供给,总需求曲线就向左移动。

_____ 8. 错觉理论解释了总供给曲线为什么向右下方倾斜。

_____ 9. 引起工资上升的物价预期上升使短期总供给曲线向左移动。

_____ 10. 如果经济处于衰退中,随着工资和物价预期上升,经济将自行调整到长期均衡。

_____ 11. 在短期中,如果政府为了平衡其预算而削减支出,这就可能引起衰退。

_____ 12. 总需求增加的短期效应是产量增加和物价上升。

_____ 13. 石油价格上升会引起滞胀。

_____ 14. 在长期中,政府支出增加会增加产量,并使物价上升。

_____ 15. 如果决策者选择使经济走出衰退,那么他们就应该采用减少总需求的政策工具。

33.3.2 单项选择题

1. 以下哪一种关于经济波动的表述是正确的?
   a. 经济衰退是指产量高于自然产出水平
   b. 萧条是温和的衰退
   c. 经济波动之所以称为"经济周期",是因为产量的变动是有规律且可预测的
   d. 可以用各种支出、收入和产量的衡量指标来衡量经济波动,因为大多数宏观经济变量往往同时波动
   e. 以上各项都不对

2. 根据利率效应,总需求向右下方倾斜(斜率为负)是因为_____。
   a. 低物价增加了货币持有量的价值和消费支出
   b. 低物价减少了货币持有量的价值和消费支出
   c. 低物价减少了货币持有量,增加

了贷款,利率下降,投资支出增加
   d. 低物价增加了货币持有量,减少了贷款,利率上升,投资支出减少

3. 以下哪一项不会引起长期总供给曲线移动?
   a. 可获得的劳动增加
   b. 可获得的资本增加
   c. 可获得的技术增加
   d. 物价预期上升
   e. 以上各项都使长期总供给曲线移动

4. 以下哪一项不是总需求曲线向右下方倾斜的原因?
   a. 财富效应
   b. 利率效应
   c. 古典二分法或货币中性效应
   d. 汇率效应
   e. 以上各项都是

5. 在总需求与总供给模型中,消费者乐

观情绪增长的初始影响是_____。

a. 短期总供给曲线向右移动

b. 短期总供给曲线向左移动

c. 总需求曲线向右移动

d. 总需求曲线向左移动

e. 长期总供给曲线向左移动

6. 以下哪一种关于长期总供给曲线的表述是正确的？长期总供给曲线_____。

a. 当自然失业率下降时向左移动

b. 是垂直的，因为所有物价与工资相等的变动并不影响产量

c. 向右上方倾斜，因为价格预期和工资在长期中是固定的

d. 当政府提高最低工资时向右移动

7. 根据财富效应，总需求曲线向右下方倾斜是因为_____。

a. 低物价提高了货币持有量的价值，并增加了消费者支出

b. 低物价降低了货币持有量的价值，并减少了消费者支出

c. 低物价减少了货币持有量，增加了贷款，利率下降，投资支出增加

d. 低物价增加了货币持有量，减少了贷款，利率上升，投资支出减少

8. 自然产出水平是什么情况下生产的真实 GDP？

a. 没有失业时

b. 经济处于自然投资水平时

c. 经济处于自然总需求水平时

d. 经济处于自然失业率时

9. 假设物价水平下降。由于名义工资由合同固定，企业变得无利可图，并且开始削减产量。这是以下哪一种理论的证明？

a. 短期总供给曲线的黏性工资理论

b. 短期总供给曲线的黏性价格理论

c. 短期总供给曲线的错觉理论

d. 短期总供给曲线的古典二分法理论

10. 假设物价水平下降，但供给者只注意到自己的某种物品价格下降。由于认为自己物品的相对价格下降，他们开始削减产量。这是以下哪一种理论的证明？

a. 短期总供给曲线的黏性工资理论

b. 短期总供给曲线的黏性价格理论

c. 短期总供给曲线的错觉理论

d. 短期总供给曲线的古典二分法理论

11. 假设经济起初处于长期均衡。再假设由于冷战结束，军费支出减少。根据总需求与总供给模型，短期中物价与产量会发生什么变动？

a. 物价上升，产量增加

b. 物价上升，产量减少

c. 物价下降，产量减少

d. 物价下降，产量增加

12. 假设经济起初处于长期均衡。再假设由于冷战结束，军费支出减少。根据总需求与总供给模型，长期中物价和产量会发生什么变动？

a. 物价上升，产量仍然是其初始值不变

b. 物价下降，产量仍然是其初始值不变

c. 产量增加，物价仍然是其初始值不变

d. 产量减少，物价仍然是其初始值不变

e. 产量和物价水平都仍然是其初始值不变

13. 假设经济起初处于长期均衡。再假设发生了摧毁大部分小麦的旱灾。根据总需求与总供给模型，短期中物价和产量会发生什么变动？

a. 物价上升，产量增加

b. 物价上升，产量减少

c. 物价下降，产量减少

d. 物价下降，产量增加

14. 假设经济起初处于长期均衡。再假设发生了摧毁大部分小麦的旱灾。如果决策者让经济自行调整到其长期均衡水平，根据总需求与总供给模型，长期中物价和产量会发生什么变动？

    a. 物价上升，产量仍然是其初始值不变

    b. 物价下降，产量仍然是其初始值不变

    c. 产量增加，物价仍然是其初始值不变

    d. 产量减少，物价仍然是其初始值不变

    e. 产量和物价都仍然是其初始值不变

15. 当经济经历以下哪一种情况时就会发生滞胀？

    a. 物价下降和产量减少

    b. 物价下降和产量增加

    c. 物价上升和产量增加

    d. 物价上升和产量减少

16. 以下哪一个事件会使短期总供给曲线向右移动？

    a. 政府军备支出增加

    b. 物价预期上升

    c. 石油价格下降

    d. 货币供给减少

    e. 以上各项都不是

用图 33-4 回答第 17 和 18 题。

17. 假设经济正处于衰退状态，如图 33-4 中 B 点所示。如果决策者希望产量变动到其长期自然产出水平，那么他们应该努力_____。

    a. 使总需求曲线向右移动

    b. 使总需求曲线向左移动

    c. 使短期总供给曲线向右移动

    d. 使短期总供给曲线向左移动

18. 假设经济正处于衰退状态，如图 33-4 中 B 点所示。如果决策者让经济自

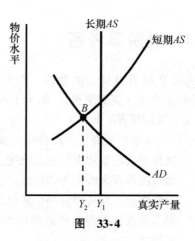

图 33-4

行调整到长期自然产出水平，那么_____。

    a. 人们将提高自己的物价预期，并且短期总供给曲线将向左移动

    b. 人们将降低自己的物价预期，并且短期总供给曲线将向右移动

    c. 人们将提高自己的物价预期，并且总需求曲线将向左移动

    d. 人们将降低自己的物价预期，并且总需求曲线将向右移动

19. 根据总供给与总需求模型，在长期中，货币供给增加将引起_____。

    a. 物价上升，产量增加

    b. 物价下降，产量减少

    c. 物价上升，产量保持不变

    d. 物价下降，产量保持不变

20. 如果决策者做了以下哪一件事，就可以说他们"抵消"了不利的供给冲击？

    a. 通过增加总需求对不利供给冲击作出反应，这会进一步提高价格

    b. 通过减少总需求对不利供给冲击作出反应，这会降低物价

    c. 通过减少短期总供给对不利供给冲击作出反应

    d. 不对不利的供给冲击作出反应，允许经济自行调整

33.4　进阶思考题

你正在收看电视上的新闻。新闻报道
称,今年工会的工资要求很高,因为工人预期通货膨胀率上升。你的室友说:"通货膨胀是一
个自我实现的预言。如果工人认为物价会继续走高,那么他们就要求高工资。这会增加生产
成本,而且,企业也提高了产品价格。预期的物价上升只会引起更高的物价。"

1. 这种看法在短期内是否正确呢? 解释之。
2. 如果决策者无所作为,并允许经济自行调整到自然产出水平,那么预期的物价上升在
   长期中会引起高物价吗? 解释之。
3. 如果决策者抵消不利的供给冲击,那么预期的物价上升在长期中会引起高物价吗?
   解释之。

习　题　答　案

33.1.3　术语与定义

4	衰退	9	总供给曲线
8	萧条	6	自然产出水平
2	经济周期	1	菜单成本
10	总需求与总供给模型	7	滞胀
5	总需求曲线	3	抵消性政策

33.2.1　应用题

1. a. 物价下降,产量减少。物价下降,产量回到自然产出水平。总需求曲线向右移动。
   b. 物价上升,产量增加。物价上升,产量回到自然产出水平。总需求曲线向左移动。
   c. 物价上升,产量减少。物价水平回到初始值,产量回到自然产出水平。总需求曲线
      向右移动。
   d. 物价下降,产量增加。物价水平回到初始值,产量回到自然产出水平。总需求曲线
      向左移动。
2. a. 总需求,向右移动。
   b. 短期总供给,向左移动。
   c. 短期和长期总供给,向左移动。
   d. 总需求,向右移动。
   e. 短期和长期总供给,向右移动。
   f. 短期和长期总供给,向左移动。
   g. 短期总供给,向右移动。
   h. 总需求,向左移动。
   i. 短期总供给,向左移动。

3. a. 总需求曲线向右移动。

   b. 物价水平上升,真实产量增加。

   c. 物价水平上升,真实产量保持不变。货币中性。

   d. 不能。随着时间的推移,人们和企业通过提高自己的价格和工资而调整到新的更高支出量。

4. a. 短期总供给曲线向左移动。

   b. 物价上升,产量减少。

   c. 滞胀。

   d. 使总需求曲线向右移动。

   e. 物价将上升更多,并保持在这一水平。

   f. 低产量水平时的高失业迫使工资下降到初始值,这使短期总供给曲线回到其原来的位置。

   g. 不能。生产成本增加需要政府用永久提高物价的政策来"抵消"。

5. a. 在 B 点,物价下降,但名义工资基于高物价预期而固定在一个较高水平。企业获利性下降,因此选择缩减生产。由于工人和企业认识到物价水平下降,新的合同将降低名义工资。劳动成本下降使得企业在每种物价水平下增加生产,这使短期总供给曲线向右移动。

   b. 在 B 点,一些企业由于菜单成本而并没有降低自己的价格。它们的物品相对来说较为昂贵,销售量减少。当企业认识到低物价水平是永久的时,它们降低自己的价格,在每种物价水平下产量增加,这使短期总供给曲线向右移动。

   c. 在 B 点,一些企业错误地认为只有它们的物品价格下降了,因此,它们削减生产。当企业认识到所有的物价都下降了时,它们在每种物价水平下将增加生产,这使短期总供给曲线向右移动。

   d. 在衰退状态下调整得更为缓慢,因为这要求价格下降,而价格通常有向下的黏性。当产量高于正常水平时,这种调整要求物价与工资上升。

33.2.2 简答题

1. 经济波动是无规律且不可预期的;大多数宏观经济变量同时变动;当产量减少时,失业增加。

2. 财富效应:物价下降增加了货币持有量的价值,消费支出增加。利率效应:物价下降减少了所持有的货币量,一些被贷出,利率下降,投资支出增加。汇率效应:物价下降降低了利率,美元贬值,净出口增加。

3. 在短期中,名义工资是固定在固定价格预期的基础之上的。如果实际价格出乎预料地下降,而名义工资保持不变,则企业的获利性下降,选择缩减生产。

4. 能。总需求的变化使得实际价格与预期价格相偏离。由于黏性工资、黏性价格及相对价格的错觉,企业作出减少产出的反应。

5. 不能。在长期中,产量由要素供给和技术(即长期总供给)决定。在长期中总需求的变动只会影响价格。

6. 因为决策者认为他们可以使经济更快地回到长期的自然产出水平,或者在负供给冲击的情况下,因为他们更关心产出而不是通货膨胀。

7. 投资。

8. 由货币供给减少引起的总需求减少会出乎预料地降低物价水平。在短期中,一些物价与工资水平保持不变,而一些生产者对相对价格产生的错觉使得产出水平下降。

9. 短期总供给曲线向右移动。物价水平下降,真实产量增加。

10. 可获得的生产要素(劳动、资本和自然资源)和技术的变动会引起长期总供给曲线和短期总供给曲线同时移动。与工资要求和石油价格相关的物价预期变动只会引起短期总供给曲线移动。

33.3.1　判断正误题

1. 错误;美国经济每年增长3%左右。

2. 正确。

3. 错误;物价预期变动使短期总供给曲线移动。

4. 正确。

5. 错误;产量波动是无规律的。

6. 正确。

7. 错误;总需求向右移动。

8. 错误;它解释短期总供给曲线为什么向右上方倾斜。

9. 正确。

10. 错误;在衰退中,随着物价和工资下降,经济将自行调整到长期均衡。

11. 正确。

12. 正确。

13. 正确。

14. 错误;在长期中,它会使物价上升,但对产量没有影响。

15. 错误;决策者应该采用增加总需求的政策工具。

33.3.2　单项选择题

1. d　2. c　3. d　4. c　5. c　6. b　7. a　8. d　9. a　10. c
11. c　12. b　13. b　14. e　15. d　16. c　17. a　18. b　19. c　20. a

33.4　进阶思考题

1. 正确。物价预期上升使短期总供给曲线向左移动,从而物价上升。

2. 不会。在长期中,失业增加将引起工资和物价预期下降到其以前的水平。

3. 会。如果决策者用增加总需求来抵消不利供给冲击,那么物价水平将永久上升。

第 34 章
货币政策和财政政策对
总需求的影响

目 标

在本章中你将

- 了解作为短期利率理论的流动性偏好理论
- 分析货币政策是如何影响利率和总需求的
- 分析财政政策是如何影响利率和总需求的
- 讨论有关决策者是否应该试图稳定经济的争论

效 果

在实现这些目标之后，你应该能

- 说明短期内货币供给的增加会对利率有什么影响
- 说明货币供给增加对总需求有什么影响
- 解释挤出效应
- 讨论财政政策和货币政策的时滞效应

34.1 本章概述

34.1.1 本章复习

前面我们阐述了总需求曲线和短期总供给曲线的移动引起经济中围绕其长期趋势的短期波动，以及货币政策和财政政策制定者可以如何改变总需求来稳定经济。在本章中，我们论述稳定政策背后的理论以及稳定政策的一些缺点。

1. 货币政策如何影响总需求

总需求曲线表示在每种物价水平下的物品与服务的需求量。回想一下第33章，总需求曲线由于财富效应、利率效应和汇率效应而向右下方倾斜。由于货币是总财富的一小部分，而且，由于国际部门是美国经济的一小部分，因此总需求曲线向右下方倾斜的最重要原因是利率效应。

利率是总需求的关键决定因素。为了说明货币政策如何影响总需求，我们提出被称为**流动性偏好理论**的凯恩斯利率决定理论。该理论说明利率由货币的供求决定。要注意的是，被决定的利率既是名义利率，也是真实利率，因为在短期中预期的通货膨胀是不变的，因此，名义利率的变动等于真实利率的变动。

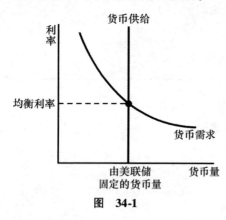

图 34-1

回想一下，货币供给由美联储决定，而且，可以固定在美联储选择的任何水平上。因此，货币供给不受利率影响，是如图34-1所示的一条垂直线。人们有货币需求是因为，货币作为最具流动性的资产，是交换媒介。因此，由于人们要用货币买东西，所以即使货币没有收益率，人们也需要货币。利率是持有货币的机会成本。当利率上升时，人们更多地以有利息的债券的形式持有财富，并减少他们的货币持有量。因此，货币需求量减少。图34-1说明了这一点。均衡利率由货币供给曲线与货币需求曲线的交点决定。

在长期中利率由可贷资金的供求状况决定，在短期中利率由货币的供求状况决定。这并不矛盾。

- 在长期中，产量由要素供给和生产技术所固定，利率的调整使可贷资金的供求平衡，物价水平的调整使货币的供求平衡。

- 在短期中，物价水平是黏性的，不能调整。在任何一个既定的物价水平下，利率的调整使货币的供求平衡，利率影响总需求，进而影响产量。

每一种理论强调了不同时间期限内利率的走势。

我们可以用流动性偏好理论来提高我们对总需求曲线向右下方倾斜解释的准确性。回想一下前面的章节，货币需求与物价水平正相关，因为当物价上升时，人们需要更多的货币去购买等量物品。因此，如图34-2（a）所示，物价水平上升使货币需求曲线向右移动。在货币供给固定时，货币需求增加提高了利率。利率的上升使投资支出减少，并引起图34-2（b）中物品与服务需求量的减少。

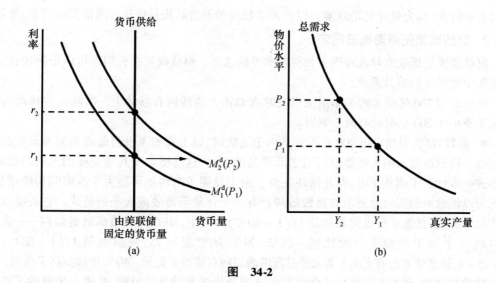

图 34-2

回到本节的重点:货币政策如何影响总需求？假设美联储购买政府债券使货币供给曲线向右移动,如图34-3(a)所示。利率下降,降低了投资借款的成本。因此,在每种物价水平下物品与服务的需求量增加,这使图34-3(b)中的总需求曲线向右移动。

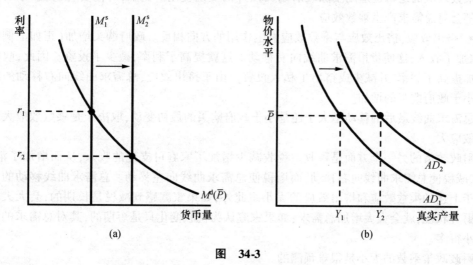

图 34-3

美联储可以通过把货币供给或利率作为目标来实施货币政策。近年来,由于货币供给难以衡量,并且对于一个既定的货币供给量,货币需求的波动会引起利率、总需求和产出的波动,因此美联储把利率作为目标。特别是,美联储把**联邦基金利率**——银行相互之间对短期贷款收取的利率——作为目标。美联储的目标是货币供给还是利率对我们的分析没有什么影响,因为每一种货币政策都可以用货币供给或利率来说明。例如,用来增加总需求的货币政策扩张就可以用增加目标货币供给或降低目标利率来说明。

此时,如果利率已经接近于零,那么以扩张性货币政策来提振经济也许不会成功。这就是我们所熟知的“流动性陷阱”。但是,美联储仍然能够通过一些方式来刺激经济的扩张,例如增加通货膨胀预期和降低实际利率,购买诸如抵押贷款之类的资产和能够降低购买工具利率的企业债务(称为量化宽松政策),以及确立较高的通货膨胀目标从而降低实际利率,等等。

2. 财政政策如何影响总需求

财政政策是指政府对政府购买和税收水平的选择。财政政策在长期中可以影响增长,而在短期中主要是影响总需求。

政府增加200亿美元购买军用飞机反映在总需求曲线向右移动上。实际向右移动的幅度大于或小于200亿美元有两个原因。

- 乘数效应:当政府把200亿美元支出于飞机时,以工资和飞机制造商利润为形式的收入增加。得到新收入的人增加他们用于消费品的支出,这就增加了其他企业的人们的收入,从而进一步增加了消费支出,如此循环往复。由于总需求的增加可能大于政府购买的增加,因此可以说政府购买对总需求有**乘数效应**。有一个计算乘数效应大小的公式。它表明政府每支出1美元,总需求曲线向右移动 $1/(1 - MPC)$。式中,MPC 代表**边际消费倾向**——家庭额外收入中用于消费支出的比例。例如,如果 MPC 是 0.75,乘数就是 $1/(1 - 0.75) = 1/0.25 = 4$,这意味着政府支出1美元使总需求曲线向右移动4美元。MPC 增加提高了乘数。

除乘数之外,政府购买增加还会引起企业增加用于新设备的投资,这进一步增加了总需求对政府购买最初增加的反应。这称为**投资加速数**。

因此,总需求曲线的移动可能大于政府购买的变动。

乘数效应的逻辑也适用于除政府购买以外的支出变动。例如,对消费、投资和净出口的冲击都会对总需求产生乘数效应。

- 挤出效应:**挤出效应**与乘数效应发生作用的方向相反。政府购买增加(正如上例中一样)增加了收入,这使货币需求曲线向右移动。这就提高了利率,减少了投资。因此,政府购买增加提高了利率,并减少或挤出了私人投资。由于挤出效应,总需求曲线向右移动的幅度可能小于政府购买的增加。

总需求曲线最后的移动是大于还是小于政府购买的最初变动,取决于是乘数效应大还是挤出效应大。

财政政策的另一个方面是税收。税收减少增加了家庭可支配的收入,从而增加了消费。因此,减税使总需求曲线向右移动,而增税使总需求曲线向左移动。总需求曲线移动的大小取决于上述的乘数效应和挤出效应的大小。此外,如果家庭感到减税是长期的,会大大改善家庭财务状况,就会大大增加总需求;如果家庭认为税收变化只是短期的,其对总需求的影响就会小得多。

财政政策乘数的大小是很难预测的。

最后,由于两个原因财政政策还会影响总供给。第一,减税能提高工作激励,并引起总供给曲线向右移动。供给学派认为,这种效应是如此之大以至于可以增加税收。绝大多数经济学家认为,正常情况并非如此。第二,政府对道路和桥梁这类资本的购买能增加每种物价水平下的供给量,并使总供给曲线向右移动。在长期内,后一种效应可能更明显。

3. 运用政策来稳定经济

凯恩斯(及其追随者)认为,政府应该积极地运用货币政策和财政政策去稳定总需求,进而稳定产量和就业。

1946年的就业法案赋予联邦政府促进充分就业和生产的责任。这个法案有两个含义:(1)政府不应该成为经济波动的原因,因此,它应该避免财政政策和货币政策的突然变动;

（2）政府应该对私人经济的变动作出反应，以便更好地稳定它。例如，如果消费者的悲观情绪减少了总需求，那么适当的扩张性货币政策或财政政策可以刺激总需求回到原来的水平，从而避免一次衰退。此外，如果过度乐观情绪增加了总需求，那么紧缩性货币政策或财政政策可以抑制总需求回到原来的水平，从而避免通货膨胀的压力。不去积极地稳定经济，就会引起产量和就业不必要的波动。

一些经济学家认为，政府不应该运用货币政策和财政政策来稳定经济中的短期波动。他们认为，在理论上积极的政策可以稳定经济，但在实际中货币政策和财政政策对经济的影响有相当大的时滞。货币政策的时滞至少是6个月，因此，对美联储来说，"微调"经济是相当困难的。财政政策有漫长的政治时滞，因为通过支出和税收法案要几个月或几年的时间。这些时滞意味着积极的政策会使经济不稳定，因为扩张性政策可能在私人总需求过大时碰巧增加了总需求，而紧缩性政策可能在私人总需求不足时碰巧减少了总需求。

自动稳定器是在衰退时自发地刺激总需求的财政政策变动。因此，决策者不用采取有意的行动。在衰退时期，当收入和利润减少的时候，税制自动地减少了税收。而且在衰退时期，由于失业补助和福利支出增加，政府的支出自动增加了。因此，在衰退时期，税收和政府支出制度增加了总需求。严格的平衡预算规则会消除自动稳定器功能，因为政府不得不在衰退期间增加税收或减少支出。

34.1.2 有益的提示

（1）可以用各种方式推导出乘数。你的教科书会告诉你，乘数的值是 $1/(1-MPC)$。但是，它并没告诉你这个数字是如何得出来的。以下你将发现在政府支出增加的情况下得出乘数值的许多不同方法中的一种：

$$\Delta \text{ 需求量} = \Delta \text{ 对物品的支出}$$

这说明，需求量的变动等于对物品支出的变动。Y 代表需求量，G 代表政府支出。要注意产量等于收入。那么

$$\Delta Y = \Delta G + (MPC \times \Delta Y)$$

这说明需求量的变动等于总支出的变动，这里的总支出变动包括政府支出变动加上收入增加引起的消费支出变动（比如说收入变动的0.75）。

求解 ΔY，我们可得出

$$\Delta Y - (MPC \times \Delta Y) = \Delta G$$
$$\Delta Y \times (1 - MPC) = \Delta G$$
$$\Delta Y = 1/(1 - MPC) \times \Delta G$$

这说明政府支出增加1美元引起总需求增加 $1/(1-MPC) \times 1$ 美元。如果 MPC 等于0.75，那么 $1/(1-0.75)=4$，即政府支出增加1美元使总需求增加4美元。

（2）MPC 增加提高了乘数。如果 MPC 是0.80，这表明人们把收入增加中的80%用于消费，乘数变为 $1/(1-0.80)=5$。这比以上 MPC 为0.75时得出的乘数大。我们可以对这个结果作一个直观的说明。如果人们把增加的收入中更高的百分比用于消费，那么任何新的政府购买将有更大的乘数效应，而且，总需求曲线进一步向右移动。

（3）乘数在两个方向上起作用。如果政府减少购买，乘数效应表明总需求曲线向左移动的量将大于政府购买的最初减少量。当政府减少购买时，人们的工资和利润减少，他们就减少消费支出等。这也会导致总需求数倍收缩。

（4）积极稳定政策有许多说明性名称。积极稳定政策是用相机抉择的货币政策和财政政策以把产量波动减少到最小的方式来稳定总需求，并使产量保持在长期自然产出水平上。因此，积极稳定政策有时被称为相机抉择的政策，以便与自动稳定器区分开。它也被称为总需求管理政策，因为货币政策和财政政策是用来调节或管理经济中的总需求的。最后，由于决策者试图通过在总需求过高时减少总需求，而在总需求过低时增加总需求来抑制经济周期，积极稳定政策有时也被称为反经济周期的政策。

（5）可以用积极稳定政策使产量从高于或低于自然产出水平向长期的自然产出水平变动。正如上一章中所说的那样，教科书中的大多数稳定政策例子是假设经济处于衰退中的产量低于长期自然产出水平的。但是，积极稳定政策也可以在产量高于长期自然产出水平时期用于减少总需求和产量。当产量高于自然产出水平的时候，我们有时说经济处于繁荣、扩张之中，或者说经济过热。当经济的产量高于自然产出水平的时候，称为经济过热，这是因为若任其发展下去，经济将调整到更高的预期物价与工资水平，而且产量将下降到自然产出水平（短期总供给曲线向左移动）。大多数经济学家认为，美联储需要政治上的独立性，以应对过热的经济。这是因为对过热经济的积极政策反应是减少总需求，而这往往会面临政治上的强烈反对。这就是说，"在宴会进行时拿走香槟酒杯"在政治上可能是不受欢迎的。

34.1.3　术语与定义

为每个关键术语选择一个定义。

关键术语	定义
＿＿＿＿＿流动性偏好理论	1. 扩张性财政政策对总需求移动的抑制，它提高了利率并减少了投资支出。
＿＿＿＿＿流动性	2. 银行相互之间对短期贷款收取的利率。
＿＿＿＿＿联邦基金利率	3. 扩张性财政政策引起的总需求变动幅度的放大，它增加了投资支出。
＿＿＿＿＿财政政策	4. 凯恩斯关于利率在短期中由货币供求决定的理论。
＿＿＿＿＿乘数效应	5. 不要求决策者采取有意行动的财政政策变动。
＿＿＿＿＿投资加速数	6. 用财政政策和货币政策减少经济中的波动。
＿＿＿＿＿边际消费倾向（MPC）	7. 扩张性财政政策引起的总需求变动幅度的放大，它增加了收入，并进一步增加了消费支出。
＿＿＿＿＿挤出效应	8. 一种资产转变为交换媒介的容易程度。
＿＿＿＿＿稳定政策	9. 家庭额外收入中用于消费支出的比例。
＿＿＿＿＿自动稳定器	10. 由政府决策者确定的政府支出水平及税收水平等政策。

34.2　应用题与简答题

34.2.1　应用题

1. 如果美联储实施积极稳定的政策，针对以下事件，它应该按哪一个方向来变动货币供给？

a. 乐观主义情绪刺激了企业投资和居民消费

b. 为了平衡预算,联邦政府增税并减少支出

c. 石油输出国组织提高原油价格

d. 外国人对美国生产的福特汽车的偏好减弱了

e. 股市下跌

2. 如果美联储实施积极的稳定政策,针对上一题列出的相同事件,它应该按哪一个方向来变动利率?

a. 乐观主义情绪刺激了企业投资和居民消费

b. 为了平衡预算,联邦政府增税并减少支出

c. 石油输出国组织提高原油价格

d. 外国人对美国生产的福特汽车的偏好减弱了

e. 股市下跌

f. 解释美联储关于货币供给的政策与关于利率的政策之间的关系

3. 如果决策者要用财政政策积极地稳定经济,他们应该按哪一个方向来变动政府支出和税收?

a. 悲观主义情绪减少了企业投资和居民消费

b. 价格预期上升引起工会要求提高工资

c. 外国人更偏好美国生产的福特汽车

d. 石油输出国组织提高原油价格

4. 假设经济处于衰退中。决策者估计,实现长期自然产出水平需要的总需求短缺 1 000 亿美元。这就是说,如果总需求曲线向右移动 1 000 亿美元,经济就会处于长期均衡。

a. 假设联邦政府选择用财政政策来稳定经济,如果 *MPC* 是 0.75,而且没有挤出效应,那么应该增加多少政府支出?

b. 假设联邦政府选择用财政政策来稳定经济,如果 *MPC* 是 0.80,而且没有挤出效应,那么应该增加多少政府支出?

c. 如果有挤出效应,那么需要的政府支出比你在问题 a 和 b 中得出的量是更大还是更小? 为什么?

d. 如果投资对利率十分敏感,那么挤出效应问题是更大了,还是更小了? 为什么?

e. 如果决策者发现,财政政策的时滞是两年,那么他们更可能把财政政策作为稳定工具,还是更可能让经济自行调整? 为什么?

5. a. 短期中货币供给增加对利率有什么影响? 为什么?

b. 长期中货币供给增加对利率有什么影响? 为什么?

c. 这些结论一致吗? 为什么?

34.2.2 简答题

1. 为什么在以利率为纵轴、以货币量为横轴的图上画出货币供给曲线时,这条曲线是垂直的?

2. 为什么在以利率为纵轴、以货币量为横轴的图上画出货币需求曲线时,这条曲线是向右下方倾斜的?

3. 为什么物价水平上升减少了真实产量的需求量? (用利率效应来解释总需求曲线的

斜率。)

4. 试解释货币供给增加如何移动总需求曲线。

5. 试解释政府支出增加的乘数效应。为什么MPC更大会使乘数效应更大？

6. 试解释政府支出增加如何引起挤出效应。

7. 假设政府对公共设施计划支出100亿美元，打算以此刺激总需求。如果挤出效应大于乘数效应，总需求曲线向右移动的幅度是大于还是小于100亿美元？为什么？

8. 减税是如何影响总供给的？

9. 哪一项对总需求的影响更大？是暂时减税，还是永久减税？为什么？

10. 试解释为什么税收和政府支出可以起到"自动稳定器"的作用。严格的平衡预算规则会使决策者在衰退期间做什么？这将缓解还是加剧衰退？

34.3 自我测试题

34.3.1 判断正误题

_____ 1. 利率上升增加了货币需求量，因为它提高了货币的收益率。

_____ 2. 当在以利率为纵轴、以货币量为横轴的图上画出货币需求时，物价水平上升使货币需求曲线向右移动。

_____ 3. 凯恩斯的流动性偏好理论表明，利率由货币的供求状况决定。

_____ 4. 利率效应表明，总需求曲线向右下方倾斜是因为物价水平上升使货币需求曲线向右移动，提高了利率，并减少了投资。

_____ 5. 货币供给增加使货币供给曲线向右移动，提高了利率，减少了投资，并使总需求曲线向左移动。

_____ 6. 假设投资者和消费者对未来变得悲观，并削减支出。如果美联储采取积极的稳定政策，应对政策应该是减少货币供给。

_____ 7. 在短期中，美联储增加目标货币供给的决策在本质上与降低目标利率的决策相同。

_____ 8. 由于乘数效应，政府支出增加400亿美元将使总需求曲线向右移动的幅度大于400亿美元（假设没有挤出效应）。

_____ 9. 如果MPC是0.80，那么乘数的值是8。

_____ 10. 当政府支出的增加增加了收入，使货币需求曲线向右移动，提高了利率，并减少了私人投资时，挤出效应就发生了。

_____ 11. 假设政府增加了100亿美元支出，如果挤出效应大于乘数效应，那么总需求曲线向右移动的幅度大于100亿美元。

_____ 12. 假设投资者和消费者对未来变得悲观，并削减支出。如果政策制定者采取积极的稳定政策，应对政策应该是减少政府支出并增加税收。

_____ 13. 许多经济学家偏爱自动稳定器，因为它影响经济的时滞短于积极的稳定政策。

_____ 14. 在短期中，利率由可贷资金市场决定，而在长期中，利率由货币供求决定。

_____ 15. 失业补助是自动稳定器的一个例子，因为当收入减少时，失业补助增加。

34.3.2 单项选择题

1. 凯恩斯的流动性偏好利率理论表明，决定利率的是_____。
   a. 可贷资本的供求
   b. 货币的供求
   c. 劳动的供求
   d. 总供给与总需求

2. 当用以利率为纵轴、以货币量为横轴的图形表示货币需求时，利率上升_____。
   a. 增加了货币需求量
   b. 增加了货币需求
   c. 减少了货币需求量
   d. 减少了货币需求
   e. 以上各项都不是

3. 当用以利率为纵轴、以货币量为横轴的图形表示货币的供求时，物价水平上升_____。
   a. 使货币需求曲线向右移动，并提高了利率
   b. 使货币需求曲线向左移动，并提高了利率
   c. 使货币需求曲线向右移动，并降低了利率
   d. 使货币需求曲线向左移动，并降低了利率
   e. 以上各项都不是

4. 对美国来说，总需求曲线向右下方倾斜最重要的原因是_____。
   a. 汇率效应
   b. 财富效应
   c. 财政效应
   d. 利率效应
   e. 以上各项都不是

5. 在真实产量市场上，货币供给增加最初的效应是_____。
   a. 总需求曲线向右移动
   b. 总需求曲线向左移动
   c. 总供给曲线向右移动
   d. 总供给曲线向左移动

6. 货币供给增加的最初效应是_____。
   a. 提高了物价水平
   b. 降低了物价水平
   c. 提高了利率
   d. 降低了利率

7. 货币供给增加的长期效应是_____。
   a. 提高了物价水平
   b. 降低了物价水平
   c. 提高了利率
   d. 降低了利率

8. 假设投资者和消费者的悲观情绪引起支出减少。如果美联储选择采用积极的稳定政策，它应该_____。
   a. 增加政府支出并减税
   b. 减少政府支出并增税
   c. 增加货币供给并降低利率
   d. 减少货币供给并提高利率

9. 政府支出增加的最初效应是_____。
   a. 总供给曲线向右移动
   b. 总供给曲线向左移动
   c. 总需求曲线向右移动
   d. 总需求曲线向左移动

10. 如果 MPC 是 0.75，那么乘数的值是_____。
    a. 0.75
    b. 4
    c. 5
    d. 7.5
    e. 以上各项都不是

11. MPC 提高会_____。
    a. 提高乘数的值
    b. 降低乘数的值
    c. 对乘数的值没有影响
    d. 由于 MPC 由国会立法决定，这种情况很少发生

12. 假设投资者和消费者的乐观情绪增加了支出，致使现在的产量水平

高于长期自然产出水平。如果决策者选择采用积极的稳定政策,他们应该_____。

a. 减少税收,从而使总需求曲线向右移动

b. 减少税收,从而使总需求曲线向左移动

c. 减少政府支出,从而使总需求曲线向右移动

d. 减少政府支出,从而使总需求曲线向左移动

13. 当政府购买增加提高了收入,使货币需求曲线向右移动,提高了利率并减少了投资时,我们把这看成是以下哪一项的证明?

a. 乘数效应

b. 投资加速数

c. 挤出效应

d. 供给学派经济学

e. 流动性陷阱

14. 以下哪一项关于税收的表述是正确的?

a. 大多数经济学家认为,在短期中,税收变动最大的影响是对总供给,而不是对总需求

b. 永久的税收变动对总需求的影响大于暂时的税收变动

c. 税收增加使总需求曲线向右移动

d. 税收减少使总供给曲线向左移动

15. 假设政府购买增加 160 亿美元。如果乘数效应大于挤出效应,那么_____。

a. 总供给曲线向右的移动幅度大于 160 亿美元

b. 总供给曲线向左的移动幅度大于 160 亿美元

c. 总需求曲线向右的移动幅度大于 160 亿美元

d. 总需求曲线向左的移动幅度大于 160 亿美元

16. 当政府购买增加提高了一些人的收入,而且,这些人把他们收入增加的一部分用于增加消费品支出时,我们看到了以下哪一项的证明?

a. 乘数效应

b. 投资加速数

c. 挤出效应

d. 供给学派经济学

e. 以上各项都不是

17. 当政府购买增加引起企业购买额外的工厂和设备时,我们看到了以下哪一项的证明?

a. 乘数效应

b. 投资加速数

c. 挤出效应

d. 供给学派经济学

e. 以上各项都不是

18. 以下哪一项是自动稳定器?

a. 军费支出

b. 用于公立学校的支出

c. 失业补助

d. 用于航天飞机的支出

e. 以上各项都是

19. 以下哪一项关于稳定政策的表述是正确的?

a. 在短期中,美联储增加目标货币供给的决策在本质上与提高目标利率的决策相同

b. 国会对美联储的货币政策决策有投票权

c. 漫长的时滞提高了决策者"微调"经济的能力

d. 许多经济学家偏爱自动稳定器,因为它们对经济的影响滞后于积极的稳定政策

e. 以上各项都正确

20. 以下哪一种表述最好地说明了货币供给增加如何改变总需求?

a. 货币供给向右移动,利率上升,投资减少,总需求曲线向左移动

b. 货币供给向右移动,利率下降,投资增加,总需求曲线向右移动

c. 货币供给向右移动,价格上升,支出减少,总需求曲线向左移动

d. 货币供给向右移动,价格下降,支出增加,总需求曲线向右移动

34.4 进阶思考题

你正在看晚间新闻网的新闻联播。首篇报道是关于今天联邦公开市场委员会开会的事情。财经记者报道,美联储为防止未来的通货膨胀而把今天的利率提高 0.25 个百分点。然后报道转向与著名政治家的对话。一位国会议员对美联储这种变动的反应是负面的。她说:"CPI 并没有上升,但美联储却为了应对假设的通货膨胀而限制经济增长。我的选民想知道,为什么他们不得不为贷款支付更高的利息,我无法给出一个恰当的解释。我认为这是一种暴行,而且,我认为国会应该有质询美联储决策的权力。"

1. 美联储提高了什么利率?
2. 请解释美联储关于货币供给的政策。
3. 为什么美联储在 CPI 开始上升之前提高利率?
4. 许多经济学家认为,美联储需要独立于政治压力。用这位女议员的话来解释为什么这么多经济学家认为美联储需要具备独立性。

习 题 答 案

34.1.3 术语与定义

4	流动性偏好理论	3	投资加速数
8	流动性	9	边际消费倾向(*MPC*)
2	联邦基金利率	1	挤出效应
10	财政政策	6	稳定政策
7	乘数效应	5	自动稳定器

34.2.1 应用题

1. a. 减少货币供给。
   b. 增加货币供给。
   c. 增加货币供给。
   d. 增加货币供给。
   e. 增加货币供给。

2. a. 提高利率。
   b. 降低利率。
   c. 降低利率。
   d. 降低利率。
   e. 降低利率。

f. 在短期中,由于物价具有黏性或被固定,货币供给增加意味着利率下降,而货币供给减少意味着利率上升。

3. a. 增加支出,减税。

   b. 增加支出,减税。

   c. 减少支出,增税。

   d. 增加支出,减税。

4. a. 乘数 $= 1/(1-0.75) = 4$;$100/4 = 250$ 亿美元。

   b. 乘数 $= 1/(1-0.80) = 5$;$100/5 = 200$ 亿美元。

   c. 更大,因为随着政府支出增加,投资者支出减少,因此,总需求的增加没有乘数表示的那么大。

   d. 更大了。政府支出增加提高了利率。投资对利率越敏感,投资减少越多,或政府支出挤出的越多。

   e. 更可能让经济自行调整,因为如果经济调整发生在财政政策的影响起作用之前,财政政策就是不利于稳定的。

5. a. 它降低了利率,因为在短期中由于价格具有黏性或被固定,货币需求不变。因此,货币供给增加要求利率下降,以使人们持有增加的货币。

   b. 它对利率没有影响,因为在长期中支出增加引起物价同比例上升,产量固定在自然产出水平,货币是中性的,而且,利率由不变的可贷资金供求决定。

   c. 不一致。价格在短期中很可能是黏性的,而在长期中是有弹性的。

34.2.2 简答题

1. 因为货币量固定在美联储选择的值上,而且,这个量不取决于利率。

2. 利率是持有货币的机会成本,因为持有货币赚不到收益率。因此,利率上升引起人们减少现金余额,并以有利息的债券的形式持有更多财富。

3. 物价水平上升使货币需求曲线向右移动,提高了利率,并减少了投资。

4. 货币供给曲线向右移动,利率下降,在每种物价水平下投资增加,这使总需求曲线向右移动。

5. 当政府购买物品时,它引起卖者收入增加。卖者把新的更高收入中的一个百分比用于物品与服务,这增加了其他人的收入,以此类推。*MPC* 越高,每一轮增加的新收入中用于支出的百分比越大。

6. 政府支出增加提高了收入,使货币需求曲线向右移动,提高了利率,并减少了投资。

7. 小于 100 亿美元,因为挤出效应(减少了总需求曲线的移动幅度)大于乘数效应(放大了总需求曲线的移动幅度)。

8. 它通过提高工作激励而引起总供给增加。

9. 永久减税,因为这对家庭财政状况的改善更大,从而使其支出得更多。

10. 在衰退期间征收的所得税减少,而且,政府用于福利和失业补助的支出增加。而严格的平衡预算规则会使政府提高其他税,并减少其他支出,从而会加剧衰退。

34.3.1　判断正误题

1. 错误;利率上升减少了货币需求量,因为它增加了持有货币的机会成本。

2. 正确。

3. 正确。

4. 正确。

5. 错误;货币供给增加降低了利率,增加了投资,总需求曲线向右移动。

6. 错误;美联储应该增加货币供给。

7. 正确。

8. 正确。

9. 错误;乘数的值是5。

10. 正确。

11. 错误;总需求曲线向右移动的幅度小于100亿美元。

12. 错误;决策者应该增加政府支出并减税。

13. 正确。

14. 错误;在短期中利率由货币供求状况决定,而在长期中利率由可贷资金市场决定。

15. 正确。

34.3.2　单项选择题

1. b　　2. c　　3. a　　4. d　　5. a　　6. d　　7. a　　8. c　　9. c　　10. b

11. a　　12. d　　13. c　　14. b　　15. c　　16. a　　17. b　　18. c　　19. d　　20. b

34.4　进阶思考题

1. 联邦基金利率。

2. 美联储减少了货币供给(或降低了其增长率)。

3. 因为货币政策对经济的作用存在时滞。如果美联储等到通货膨胀发生时,其政策效应就太迟了。因此,美联储希望根据它的通货膨胀预期作出反应。

4. 政治家对选民的短期要求必定是有反应的。货币政策应该有长期视野,并在经济过热(产量高于长期自然产出水平)时作出从政治角度来看难以接受的决策。在这种情况下,在未来价格有上涨的压力,所以适当的政策反应是现在紧缩总需求。"在宴会进行时拿走香槟酒杯"是不受欢迎的。

第35章
通货膨胀与失业之间的
短期权衡取舍

目　标

在本章中你将

- 知道为什么决策者会面对通货膨胀和失业之间的短期权衡取舍
- 考虑为什么长期内通货膨胀–失业的权衡取舍会消失
- 说明供给冲击是如何移动通货膨胀–失业的权衡取舍的
- 考虑降低通货膨胀率的短期成本
- 说明决策者的可信度是如何影响降低通货膨胀的成本的

效　果

在实现这些目标之后,你应该能

- 画出短期菲利普斯曲线
- 画出长期菲利普斯曲线
- 说明短期总供给曲线移动和短期菲利普斯曲线移动之间的关系
- 解释牺牲率
- 解释为什么无代价地降低通货膨胀需要更加理性的经济预期

35.1   本章概述

35.1.1   本章复习

由于通货膨胀和失业都是不合意的,因此通货膨胀率和失业率之和称为**痛苦指数**。在长期中通货膨胀和失业是独立的,因为失业由劳动市场的特征决定,而通货膨胀由货币增长决定。但是,在短期中通货膨胀和失业是相关的,因为总需求增加暂时提高了通货膨胀和产量,并降低了失业。在本章中,我们将追踪理解失业与通货膨胀之间关系的历史。

1.菲利普斯曲线

在 1958 年,英国经济学家 A.W. 菲利普斯(A.W. Phillips)发现了通货膨胀和失业之间存在着负相关性。也就是说,高通货膨胀率的年份往往伴随着低失业率。在包括美国在内的其他国家也发现了这种负相关关系,被称为**菲利普斯曲线**(Phillips Curve)。菲利普斯曲线看来为决策者提供了一份选择通货膨胀和失业的菜单。为了降低失业率,就只需要选择一个较高的通货膨胀率。

总需求与总供给模型可以解释菲利普斯曲线所描述的关系。菲利普斯曲线表明了短期中由于总需求曲线沿着短期总供给曲线变动而产生的通货膨胀和失业的结合。例如,总需求增加使经济沿着短期总供给曲线变动到更高的物价水平、更高的产量水平以及更低的失业水平。由于前一个时期的物价现在是固定的,现期的更高物价水平就意味着更高的通货膨胀率,现在这种通货膨胀率与低失业率相关。可以用图 35-1 说明这一点。在图 35-1(a)中,总需求增加使经济从 A 点变动到 B 点,与沿着短期菲利普斯曲线从 A 点到 B 点的变动是相关的。

2.菲利普斯曲线的移动:预期的作用

1968 年,美国经济学家弗里德曼和费尔普斯提出,菲利普斯曲线不是决策者可以利用的菜单。这是因为,在长期中货币是中性的,并没有实际效应。货币增长仅仅引起物价和收入同比例变动,而且应该对失业没有影响。因此,长期菲利普斯曲线应该是在**自然失业率**——经济自然趋向的失业率——上的一条垂线。

垂直的长期菲利普斯曲线对应于垂直的长期总供给曲线。正如图 35-1 表示的,在长期中,货币供给增加使总需求向右移动,并使经济从图 35-1(a)中的 A 点移动到 C 点。在图 35-1(b)中可以找到相应的菲利普斯曲线,在这个图中货币增长的提高加剧了通货膨胀,但由于长期中货币是中性的,物价与收入同时变动,通货膨胀并不会影响失业。因此,经济从图 35-1(b)中的 A 点沿着长期菲利普斯曲线移动到 C 点。

弗里德曼和费尔普斯用"自然"失业率这个词并不是因为它是合意的或不变的,而是因为它不受货币政策的影响。降低自然失业率的劳动市场政策变动,例如最低工资法和失业保险的变动,使长期菲利普斯曲线向左移动,长期总供给曲线向右移动。

尽管弗里德曼和费尔普斯认为长期菲利普斯曲线是垂直的,但他们还认为在短期中通货膨胀会对失业有相当大的影响。他们的推理类似于围绕短期总供给曲线的推理,因为他们假设在短期中价格预期是固定的。如果在短期中价格预期是固定的,总需求的增加就会引起通货膨胀,使产出暂时增加,并使失业率降低到自然失业率之下。例如,根据短期总供给的黏性价格理论,名义工资确定在固定价格预期基础之上。当实际价格高于预期价格时,企业的获利性更大,

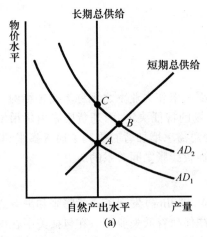
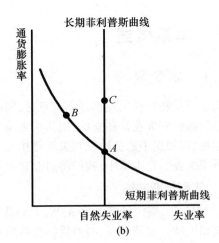

图 35-1

就会扩大产出,雇用更多的工人,从而使得失业下降。在图35-2中,这是从 A 点到 B 点的移动。但是,在长期中,人们通过提高自己的通货膨胀预期(要求更高的工资)来调整到更高的通货膨胀率,从而短期菲利普斯曲线向上移动。经济从 A 点变动到通货膨胀率更高的 C 点,但失业率没有变动。因此,决策者面临通货膨胀和失业之间的短期权衡取舍,但如果他们企图利用它,这种关系就消失了,而且,会回到垂直的菲利普斯曲线。此时失业率处于自然失业率水平,但通货膨胀率更高了。

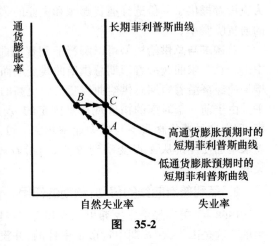

图 35-2

可以用以下公式来总结弗里德曼和费尔普斯的分析:

失业率 = 自然失业率 − α(实际通货膨胀率 − 预期通货膨胀率)

这说明,对任何一个既定的预期通货膨胀率,如果实际通货膨胀高于预期通货膨胀,那么失业率就将下降到低于自然失业率,而幅度取决于参数 α。但是,在长期内人们将学会预期到实际存在的通货膨胀,失业率就将等于自然失业率。

弗里德曼和费尔普斯提出了**自然率假说**。这个假说表明无论通货膨胀如何,失业率最终要回到其自然失业率水平。当时,这一观点颇有争议,但最终被证明是正确的。在 20 世纪 60 年代,扩张性货币政策和财政政策稳定地提高通货膨胀率,而且失业率下降。但是,在 70 年代初,人们提高了自己的通货膨胀预期,失业率回到自然失业率水平——约为 5% 或 6%。

3. 菲利普斯曲线的移动:供给冲击的作用

短期菲利普斯曲线也可能由于供给冲击而移动。**供给冲击**是直接改变企业的成本和价格、使经济的总供给曲线和菲利普斯曲线移动的事件。1974 年,当石油输出国组织提高石油价格时就发生了供给冲击。这种行为增加了生产成本,并使美国的短期总供给曲线向左移动,这就引起物价上升和产量减少,或者说滞胀。由于通货膨胀上升和失业增加就相当于短期菲利普斯曲线向右(上)方移动,所以决策者现在面临更不利的通货膨胀和失业之间的权衡取舍。这就是说,决策者为降低失业率必须接受更高的通货膨胀率,或者为降低通货膨胀率必须接受更高的失业率。此外,决策者现在的选择更困难了,因为如果为了应对通货膨胀而减少总需求,他们就将进一步增加失业;如果他们为了减少失业而增加总需求,他们就将进一步加剧通货膨胀。

假如供给冲击使预期通货膨胀提高,那么菲利普斯曲线的移动就是"永久的"。假如供给冲击并没有使预期通货膨胀提高,这种移动就是暂时的。在 20 世纪 70 年代的美国,美联储用增加总需求来抵消两个不利的总供给冲击。这就引起预期的通货膨胀上升,以及菲利普斯曲线的向右(上)方移动成为"永久的"。到 1980 年,通货膨胀率是 9%,而失业率是 7%。

4. 降低通货膨胀的代价

1979 年 10 月,美联储主席保罗·沃尔克选择实行**反通货膨胀**的政策——降低通货膨胀率。货币供给的减少降低了总需求,减少了生产,并增加了失业。图 35-3 中,从 A 点移动到 B 点说明了这种情况。随着时间的不断推移,预期的通货膨胀率下降,短期菲利普斯曲线向下移动,经济也从 B 点移动到 C 点。

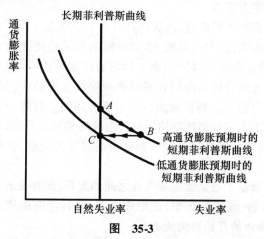

图 35-3

降低通货膨胀率的代价是一段时期的失业和产量损失。**牺牲率**是每降低一个百分点的通货膨胀率而损失的年产量的百分比。损失的产量大小取决于菲利普斯曲线的斜率,以及人们降低自己的通货膨胀预期有多快。

一些经济学家估计牺牲率是 5 左右,这是相当高的。**理性预期**的支持者提出,反通货膨胀的代价可以大大减少,也许可以为零。理性预期学派提出,人们在预期未来时会最大限度地利用所有可获得的信息,包括有关政府政策的信息。因此,政府所宣布的可信的反通货膨胀政策可以使经济不必经过 B 点而从 A 点移动到 C 点。1979 年年末,沃尔克(Volcker)宣布了一项反通货膨胀政策,到 1984 年就使通货膨胀率从 10% 下降到 4%,但代价是失业大大增加。然而,需要注意的是,失业的增加小于估算的牺牲率所预言的幅度。也许是因为理性预期理论并不准确,或者人们不相信政策宣言。

在艾伦·格林斯潘(Alan Greenspan)任职期间,货币政策没有重蹈 20 世纪 60 年代的覆辙,即过度的总需求使失业低于自然失业率水平。在格林斯潘时代,低通货膨胀和低失业是有利的供给冲击和审慎货币政策的结果。

伯南克(Bernanke)面临着使总需求减少并使经济沿短期菲利普斯曲线下滑的房地产市场崩溃和金融危机。结果是,失业率上升,通货膨胀率下降。决策者通过扩张性政策对此作出反应,尝试使经济沿菲利普斯曲线向上移动,从而降低失业率和提高通货膨胀率。

35.1.2　有益的提示

（1）短期和长期菲利普斯曲线几乎是短期和长期总供给曲线的镜像。看看图 35-1 中的供给曲线。注意图 35-1(a)中的总供给曲线,把它与图 35-1(b)中的菲利普斯曲线相比较。它们看起来是彼此的镜像。长期总供给曲线是垂线,由于在长期中与物价水平上升相应的是所有物价和收入都同比例上升,因此,没有改变生产的激励。由于长期中物价上升并不影响产量,也就不影响失业,从而图 35-1(b)中的长期菲利普斯曲线是垂直的。在价格预期固定的短期中,物价水平上升为企业增加生产提供了激励,这就使图 35-1(a)中的短期总供给曲线向右上方倾斜。当产量增加时,失业会减少,因此,图 35-1(b)中的短期菲利普斯曲线向右下方倾斜。总之,由于这两个图都用纵轴代表物价的衡量指标,用横轴代表经济活动的实际衡量指标,并且两个图的横轴所代表的指标是负相关的(产量增加时,失业减少),因此,总供给曲线和菲利普斯曲线应该互为镜像。

（2）为了理解短期菲利普斯曲线,请认真复习一下短期总供给曲线。为了有信心地推导出并移动短期菲利普斯曲线,需要复习第 33 章中短期总供给曲线向右上方倾斜的原因。这里需要提醒你的是,短期总供给曲线向右上方倾斜有许多原因——对相对价格的错觉、黏性工资和黏性价格。由于短期总供给曲线和菲利普斯曲线互为镜像,因此,正是引起总供给曲线向右上方倾斜的原因引起了菲利普斯曲线向右下方倾斜。此外,回顾一下,短期总供给曲线的三种理论全都依据了固定价格预期的假设。当价格预期上升的时候,短期总供给曲线向左移动。相应地,由于短期总供给曲线和菲利普斯曲线互为镜像,价格预期上升使菲利普斯曲线向右移动。

（3）菲利普斯曲线确定了通货膨胀和失业之间的关系,但并没有确定因果关系。如果按照从横轴(失业率)到纵轴(通货膨胀率)的顺序来看,菲利普斯曲线表明,当失业极低时,劳动市场紧张,而且工资和物价开始更快地上升。

（4）自然失业率的估算差别极大,致使决策者对适当的货币政策和财政政策的看法不一致。当我们观察菲利普斯曲线图或总需求与总供给模型时,仿佛决策者应该总是知道要扩张还是紧缩总需求,或者让总需求自行变动。这是因为我们可以看出经济是高于还是低于我们在图形上所选的长期自然产出水平。但是,实际上衡量自然产出水平是极为困难的,而且,决策者无法确定经济实际上是在高于还是低于自然产出水平运行。例如,假设经济在 6% 的实际失业率下运行,如果自然失业率是 5%,那么经济就在低于其能力的水平下运行;如果自然失业率是 6%,那么经济就正好发挥其能力;如果自然失业率为 7%,那么经济就在高于其能力的水平下运行。因此,即使实际失业率为 6% 不变,在上述不同情况下,也有不同的稳定政策。

35.1.3　术语与定义

为每个关键术语选择一个定义。

关键术语	定　义
_____痛苦指数	1. 通货膨胀率的下降。
_____菲利普斯曲线	2. 经济趋近的正常失业率。

_____自然失业率

_____自然率假说
_____反通货膨胀

_____供给冲击
_____牺牲率

_____理性预期

3. 一种认为人们在预期未来时会最大限度地利用所有可获得的信息，包括有关政府政策的信息的理论。

4. 通货膨胀率和失业率之和。

5. 一种认为无论通货膨胀率如何，失业率总会回到其自然失业率水平的理论。

6. 表示通货膨胀和失业之间的短期权衡取舍的曲线。

7. 为了使通货膨胀率降低一个百分点而损失的年产量的百分点数。

8. 直接改变企业的成本和价格，使经济的总供给曲线移动，进而使菲利普斯曲线移动的事件。

35.2 应用题与简答题

35.2.1 应用题

1. 描述以下事件对短期和长期菲利普斯曲线的最初影响。这就是说，描述沿着某条既定曲线变动的方向或者某条曲线移动的方向。

   a. 预期通货膨胀上升。

   b. 进口石油价格上升。

   c. 货币供给增加。

   d. 政府支出减少。

   e. 最低工资下降，这降低了自然失业率。

2. 用图 35-4 中的菲利普斯曲线回答以下问题。

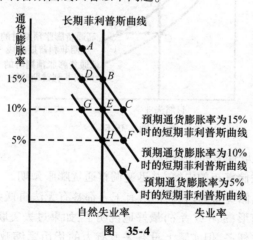

图 35-4

   a. 如果人们预期通货膨胀率为 10%，实际通货膨胀率也是 10%，那么经济处于哪一点上？

   b. 根据问题 a，失业率是高于、低于还是等于自然失业率？

   c. 如果人们预期通货膨胀率为 10%，而实际通货膨胀率为 15%，那么经济处于哪一点上？

d. 假设经济在 D 点运行。随着时间的推移,人们会向哪个方向改变自己的通货膨胀预期——向上还是向下?

e. 假设经济在 D 点运行。随着人们改变自己的通货膨胀预期,短期菲利普斯曲线将向哪个方向移动——向右还是向左?

f. 假设经济在 E 点运行。在短期中,总需求突然减少将使经济向哪一点变动?

g. 假设经济在 E 点运行。在长期中,政府支出减少会使经济向哪一点变动?

h. 假设人们预期通货膨胀率为 5% 。如果通货膨胀率实际上升到 10% ,那么失业率将向哪个方向变动——高于还是低于自然失业率?

3. 用菲利普斯曲线图回答以下问题。假设经济最初处于长期均衡。

a. 如果美联储提高货币供给增长率,那么短期中失业和通货膨胀会发生什么变动?

b. 如果美联储提高货币供给增长率,那么长期中失业和通货膨胀会发生什么变动?

c. 发行货币可以使失业保持在自然失业率水平以下吗? 解释之。

d. 中央银行多次企图用扩张性货币政策使失业低于自然失业率水平的最终结果是什么? 解释之。

4. 假设经济在高通货膨胀率和自然失业率水平下运行(图 35-5 中的 A 点)。假设美联储为了降低通货膨胀率宣布了一项突然的货币紧缩政策。下面显示的是经济为适应新的低货币增长率而可能采取的两种路径。选择能最好地描述下列每一种情况下会发生什么变动的路径,并解释你的理由。

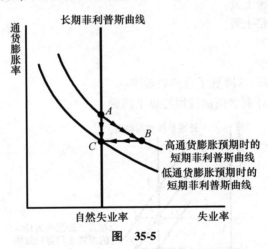

图 35-5

a. 人们不相信美联储宣布的内容。

b. 人们相信美联储宣布的内容,并迅速调整通货膨胀预期。

c. 人们相信美联储宣布的内容,但所有工人都签有无法再谈判的长期工资合同。

d. 以上哪一种情形(a、b 或者 c)最好地说明了,如果过去美联储反复强调治理通货膨胀是第一优先任务,但实际上没有采取有力的货币紧缩政策时会出现的变动? 为什么?

35.2.2 简答题

1. 如果失业率是 6% ,通货膨胀率是 5% ,那么所谓的痛苦指数是多少?

2. 用总需求与总供给模型说明为什么短期菲利普斯曲线向右下方倾斜。

3. 用总需求与总供给模型说明为什么长期菲利普斯曲线是垂直的。

4. 短期菲利普斯曲线实际上是决策者永久可以得到的通货膨胀和失业组合的菜单吗？为什么？

5. 请解释自然失业率假说。

6. 如果实际通货膨胀率高于预期通货膨胀率，那么失业率是高于还是低于自然失业率？为什么？

7. 当存在进口石油价格上升这类不利的总供给冲击时，短期菲利普斯曲线会向哪个方向移动？为什么？

8. 根据第7题，现在经济面临的失业与通货膨胀之间的权衡取舍比不利的供给冲击之前更有利还是更不利呢？解释之。

9. 根据第8题，如果美联储抵消不利的供给冲击，那么这表明其在低通货膨胀目标和低失业目标之间更重视哪个？

10. 如果牺牲率是5，为了使通货膨胀率下降4个百分点，那么会减少多少产量呢？如果人们有理性预期，牺牲率会比5大还是小呢？为什么？

35.3 自我测试题

35.3.1 判断正误题

_____ 1. 菲利普斯曲线说明了通货膨胀与失业之间的正相关关系。

_____ 2. 如果通货膨胀率是4%，失业率是6%，则痛苦指数是2%。

_____ 3. 在短期中，总需求增加提高了物价，增加了产量，并减少了失业。

_____ 4. 当失业低于自然失业率水平时，劳动市场是异常紧张的，带来工资和物价上升的压力。

_____ 5. 价格预期提高使菲利普斯曲线向上移动，并使通货膨胀-失业的权衡取舍不利。

_____ 6. 货币供给增加加剧了通货膨胀，并永久地减少了失业。

_____ 7. 在长期中，失业率不取决于通货膨胀率，而且，菲利普斯曲线是一条经过自然失业率的垂线。

_____ 8. 当实际通货膨胀率高于预期通货膨胀时，失业率高于自然失业率。

_____ 9. 自然率假说提出，在长期中，无论通货膨胀如何，失业都要回到自然失业率水平。

_____ 10. 不利的供给冲击，例如，进口石油价格上升，将使菲利普斯曲线向上移动，并使经济面临不利的通货膨胀-失业的权衡取舍。

_____ 11. 失业补助减少降低了自然失业率，并使长期菲利普斯曲线向右移动。

_____ 12. 总需求增加暂时减少了失业，但在人们提高了自己的通货膨胀预期以后，失业又回到自然失业率水平。

_____ 13. 突然的货币紧缩使经济沿短期菲利普斯曲线向上变动，减少了失业，加剧了通货膨胀。

_____14. 如果人们有理性预期,美联储宣布的可信的货币紧缩能以较少甚至没有失业增加为代价而降低通货膨胀。

_____15. 如果牺牲率是4,要使通货膨胀率从9%下降到5%,产量必须减少8%。

35.3.2 单项选择题

1. 一些评论者提出的用于衡量经济健康状况的痛苦指数是指_____。
   a. 产量增长率和通货膨胀率之和
   b. 失业率和通货膨胀率之和
   c. 道·琼斯工业平均指数与联邦基金利率之和
   d. 自然失业率和实际失业率之和

2. 最初的菲利普斯曲线说明了_____。
   a. 通货膨胀和失业之间的权衡取舍
   b. 通货膨胀和失业之间的正相关关系
   c. 产量和失业之间的权衡取舍
   d. 产量和失业之间的正相关关系

3. 菲利普斯曲线是总需求与总供给模型的扩展,因为在短期中,总需求增加提高了物价水平,并_____。
   a. 降低了增长
   b. 降低了通货膨胀
   c. 增加了失业
   d. 减少了失业

4. 沿着短期菲利普斯曲线,_____。
   a. 高产量增长率与低失业率相关
   b. 高产量增长率与高失业率相关
   c. 高通货膨胀率与低失业率相关
   d. 高通货膨胀率与高失业率相关

5. 在长期中,如果人们调整自己的价格预期,以致所有物价和收入都与物价水平的上升同比例变动,那么长期菲利普斯曲线_____。
   a. 向右上方倾斜
   b. 向右下方倾斜
   c. 是垂直的
   d. 斜率由人们调整自己的价格预期的快慢决定

6. 根据菲利普斯曲线,在短期中,如果决策者选择扩张性政策来降低失业率,那么_____。
   a. 经济将经历通货膨胀的下降
   b. 经济将经历通货膨胀的上升
   c. 如果价格预期不变,通货膨胀将不受影响
   d. 以上各项都不是

7. 预期通货膨胀上升,则_____。
   a. 短期菲利普斯曲线向上移动,并使经济面临不利的通货膨胀-失业的权衡取舍
   b. 短期菲利普斯曲线向下移动,并使经济面临有利的通货膨胀-失业的权衡取舍
   c. 短期菲利普斯曲线向上移动,并使经济面临有利的通货膨胀-失业的权衡取舍
   d. 短期菲利普斯曲线向下移动,并使经济面临不利的通货膨胀-失业的权衡取舍

8. 以下哪一项使长期菲利普斯曲线向右移动?
   a. 国外石油价格上升
   b. 预期通货膨胀上升
   c. 总需求增加
   d. 最低工资提高

9. 当实际通货膨胀率高于预期通货膨胀率时,_____。
   a. 失业率大于自然失业率
   b. 失业率小于自然失业率
   c. 失业率等于自然失业率
   d. 人们将降低自己对未来通货膨胀的预期

10. 外国石油价格下降,则_____。
    a. 短期菲利普斯曲线向上移动,经

济面临有利的通货膨胀-失业的权衡取舍

b. 短期菲利普斯曲线向上移动,经济面临不利的通货膨胀-失业的权衡取舍

c. 短期菲利普斯曲线向下移动,经济面临有利的通货膨胀-失业的权衡取舍

d. 短期菲利普斯曲线向下移动,经济面临不利的通货膨胀-失业的权衡取舍

11. 自然率假说认为,_____。

a. 失业率总是高于自然失业率

b. 失业率总是低于自然失业率

c. 失业率总是等于自然失业率

d. 在长期中,无论通货膨胀率如何,失业率都将回到自然失业率

用图35-6回答第12—17题。

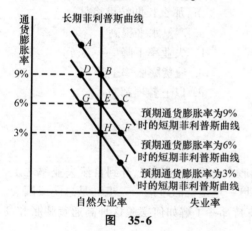

图 35-6

12. 如果经济中人们预期的通货膨胀率是3%,而实际通货膨胀率是3%,那么经济在哪一点运行?

a. A

b. B

c. C

d. D

e. E

f. F

g. G

h. H

i. I

13. 如果经济中人们预期的通货膨胀率为6%,而实际通货膨胀率是3%,那么经济在哪一点运行?

a. A

b. B

c. C

d. D

e. E

f. F

g. G

h. H

i. I

14. 假设经济在E点时处于长期均衡。政府支出突然增加将使经济向哪一点的方向移动?

a. A

b. B

c. C

d. D

e. E

f. F

g. G

h. H

i. I

15. 假设经济在D点运行,当人们修改他们的价格预期时,_____。

a. 短期菲利普斯曲线将向与预期通货膨胀率3%相关的短期菲利普斯曲线的方向移动

b. 短期菲利普斯曲线将向与预期通货膨胀率6%相关的短期菲利普斯曲线的方向移动

c. 短期菲利普斯曲线将向与预期通货膨胀率9%相关的短期菲利普斯曲线的方向移动

d. 长期菲利普斯曲线将向左移动

16. 假设经济在E点时处于长期均衡。一次未预期到的货币紧缩将使经济

向哪一点的方向移动？

a. *A*

b. *B*

c. *C*

d. *D*

e. *E*

f. *F*

g. *G*

h. *H*

i. *I*

17. 假设经济在 *E* 点时处于长期均衡。在长期中,货币紧缩将使经济向哪一点的方向移动？

a. *A*

b. *B*

c. *C*

d. *D*

e. *E*

f. *F*

g. *G*

h. *H*

i. *I*

18. 如果人们有理性预期,一个已经宣

布并可信的货币紧缩政策能_____。

a. 降低通货膨胀,但会使失业极大地增加

b. 降低通货膨胀,失业增加很少或没有增加

c. 提高通货膨胀,但会极大地减少失业

d. 提高通货膨胀,失业减少很少或没有减少

19. 如果牺牲率是5,那么通货膨胀率从7%下降到3%就要求_____。

a. 产量减少5%

b. 产量减少15%

c. 产量减少20%

d. 产量减少35%

20. 如果美联储一直使用扩张性货币政策以使失业率保持在自然失业率之下,那么长期结果将是_____。

a. 产量水平提高

b. 失业率下降

c. 通货膨胀率上升

d. 以上各项都对

35.4 进阶思考题

一场世界性的干旱减少了食物产量。通货膨胀率上升,失业率上升到自然失业率之上,美国人对政府很失望。你的室友说:"这种经济困境一定是谁的过错——也许是总统或国会。一年前,通货膨胀率和失业率都很低。我们需要支持那些了解如何摆脱这种高通货膨胀和高失业的决策者。"

1. 经济出现滞胀是谁的过错?

2. 经济现在面临的通货膨胀与失业的权衡取舍比供给冲击前更好还是更糟? 短期菲利普斯曲线发生了怎样的变动?

3. 如果决策者对供给冲击的反应是增加总需求,那么经济会沿着新的短期菲利普斯曲线向哪一个方向变动? 通货膨胀率和失业率会发生怎样的变动?

4. 如果决策者对供给冲击的反应是减少总需求,那么经济又会沿着新的短期菲利普斯曲线向哪一个方向变动? 通货膨胀率和失业率会发生怎样的变动?

5. 有一种既能立即降低通货膨胀率又能立即降低失业率的政策吗? 为什么?

习 题 答 案

35.1.3　术语与定义

　　__4__　痛苦指数　　　　　　　　__1__　反通货膨胀

　　__6__　菲利普斯曲线　　　　　　__8__　供给冲击

　　__2__　自然失业率　　　　　　　__7__　牺牲率

　　__5__　自然率假说　　　　　　　__3__　理性预期

35.2.1　应用题

1. a. 短期菲利普斯曲线向右上方移动。

   b. 短期菲利普斯曲线向右上方移动。

   c. 沿着短期菲利普斯曲线向上变动。

   d. 沿着短期菲利普斯曲线向下变动。

   e. 长期和短期菲利普斯曲线都向左下方移动。

2. a. *E* 点。

   b. 等于自然失业率。

   c. *D* 点。

   d. 向上。

   e. 向右。

   f. *F* 点。

   g. *H* 点。

   h. 低于自然失业率。

3. a. 通货膨胀率上升,失业减少。

   b. 通货膨胀率上升,失业保持在自然失业率水平。

   c. 不能。失业暂时减少,但随着人们预期更高的通货膨胀率,失业回到自然失业率水平。

   d. 不断地努力使失业低于自然失业率水平只会引起通货膨胀。

4. a. 经济从 *A* 点移动到 *B* 点,因为人们不会降低他们的价格预期和工资要求,因此,失业随通货膨胀率的下降而增加。

   b. 经济从 *A* 点移动到 *C* 点,因为人们同比例地减少他们的价格与工资。

   c. 经济从 *A* 点移动到 *B* 点,因为人们实际上无法降低他们的某些工资和价格,因此,失业随通货膨胀率的下降而增加。

   d. 情形 a,因为人们理性地不相信以前不讲真话的决策者。

35.2.2　简答题

1. 11%。

2. 总需求增加沿着短期总供给曲线提高了物价并增加了产量,这减少了失业。物价上升而失业减少。

3. 总需求增加提高了物价,但产量仍然在由垂直的长期总供给曲线决定的自然产出水平上。物价上涨,但失业仍保持在自然失业率水平。

4. 不是。当通货膨胀上升到高于预期通货膨胀时,失业暂时减少。但是,在人们向上修正他们的物价预期并要求更高的工资之后,菲利普斯曲线向右上方移动。

5. 无论通货膨胀如何,长期中失业将回到自然失业率水平。

6. 低于。因为如果价格高于预期,则产量增加,就业人口增加,这减少了失业。

7. 总供给曲线向左移动表示在每种物价水平下产量减少。因此,菲利普斯曲线向右上方移动表示每种通货膨胀率下失业率更高。

8. 更不利。现在在每种失业率水平下,通货膨胀率更高了,或者在每种通货膨胀率时,失业率更高了。

9. 美联储更重视低失业目标。

10. 20%。小,这是因为他们将更快地降低价格预期,从而使菲利普斯曲线向左移动。

35.3.1 判断正误题

1. 错误;菲利普斯曲线说明了通货膨胀和失业之间的负相关关系。

2. 错误;痛苦指数是 10%。

3. 正确。

4. 正确。

5. 正确。

6. 错误;货币供给增加会暂时减少失业。

7. 正确。

8. 错误;当实际通货膨胀率高于预期通货膨胀率时,失业率低于自然失业率。

9. 正确。

10. 正确。

11. 错误;它使长期菲利普斯曲线向左移动。

12. 正确。

13. 错误;突然的货币紧缩使经济沿着短期菲利普斯曲线向下变动,这增加了失业,并减轻了通货膨胀。

14. 正确。

15. 错误;产量必须减少 $4 \times 4\% = 16\%$。

35.3.2 单项选择题

1. b 2. a 3. d 4. c 5. c 6. b 7. a 8. d 9. b 10. c
11. d 12. h 13. f 14. d 15. c 16. f 17. h 18. b 19. c 20. c

35.4 进阶思考题

1. 不是任何人的过错。这是自然现象。

2. 更糟,因为短期菲利普斯曲线向上移动。

3. 经济沿着新的短期菲利普斯曲线向上变动。失业率将下降,但通货膨胀率将上升。

4. 经济沿着新的短期菲利普斯曲线向下变动。通货膨胀率将下降,但失业率将上升。

5. 没有,经济面临短期权衡取舍。降低通货膨胀率的政策提高了失业率,而降低失业率的政策提高了通货膨胀率。

第 *13* 篇　最后的思考

第 2 篇　消层的思考

第 36 章
宏观经济政策的六个争论问题

目 标

在本章中你将

- 考虑决策者是否应该试图稳定经济
- 考虑政府应该增加支出还是减税来应对经济衰退
- 考虑货币政策是应该按规则制定,还是应该相机抉择
- 考虑中央银行是否应该把零通货膨胀作为目标
- 考虑政府是否应该平衡其预算
- 考虑是否应该为鼓励储蓄而修改税法

效 果

在实现这些目标之后,你应该能

- 举出一个"逆风向行事"的宏观经济政策反应的例子
- 解释为什么在稳定经济方面,减税比增加支出更快、成本更低
- 解释"政策的前后不一致性"的含义是什么
- 列出通货膨胀的成本
- 知道减少预算赤字的好处
- 解释为什么消费税鼓励储蓄,但提高了经济的不平等性

36.1 本章概述

36.1.1 本章复习

本章提出了关于宏观经济政策的六个经典问题。这些问题都是当前政治争论的中心。

1. 货币政策与财政政策制定者应该试图稳定经济吗?

(1) **正方:决策者应该试图稳定经济**。家庭和企业的悲观情绪减少了总需求,引起衰退。所引起的产量减少和失业增加是资源的浪费。这种资源的浪费是不必要的,因为政府有权力**"逆风向行事"**,通过在这种情况下增加政府支出、减税和增加货币供给来稳定总需求。如果总需求过剩,这些政策可以反向实施。

(2) **反方:决策者不应该试图稳定经济**。货币政策和财政政策对经济的影响存在时滞。货币政策可以影响利率,但要影响到居民和企业投资支出可能需要 6 个月或更长时间。财政政策变动需要一个长期的政治过程。由于作出预测是困难的,并且许多冲击是不可预测的,因此稳定政策不得不依靠对未来经济状况所作的学理式的推测。预测错误会使积极政策引起不稳定。政策的第一条规则应该是"不伤害",因此,决策者应该避免对经济的频繁干预。

2. 政府应该增加支出而不是减税来应对经济衰退吗?

(1) **正方:政府应该增加支出来应对经济衰退**。经济衰退的主要问题是总需求不足。如果因为利率已经降低为零而使货币政策无法增加总需求,那么政府可以通过购买额外的物品与服务的扩张性财政政策直接增加总需求。政府增加支出的乘数比减税的乘数大是因为一些税减下来后被储存下来,而政府增加支出会直接增加总需求。

(2) **反方:政府应该减税来应对经济衰退**。减税对经济有更大的影响,因为合理设计的减税政策可以同时影响总需求和总供给。投资税收减免为企业购买生产性投资物品提供了激励,降低边际税率使得工人保留了更大部分的收入,这对失业的人寻找工作和在岗工人工作更长时间产生了激励。政府支出乘数或许会比预期小,因为人们预期到政府支出增加会在未来导致征收更高的税。此外,政府也不可能作出快速并且明智的支出决策。减税分散了支出决策,允许个人自主决定购买何种物品。

3. 货币政策应该按规则制定还是相机抉择?

回想一下,联邦公开市场委员会(FOMC)每六周通过选择一个利率目标并调整货币供给来实现这个目标而确定货币政策。现在,FOMC 几乎用完全的相机抉择来确定货币政策。

(1) **正方:货币政策应该按规则制定**。**相机抉择政策**有以下两个问题:

● 第一,相机抉择政策对权力的滥用没有限制。当中央银行为了支持某个特定的政治候选人而操纵货币政策时会滥用其权力。它会在大选前增加货币供给以求有利于现任总统,而由此引起的通货膨胀直到选举结束后才会出现。这就引起了所谓的**政治性经济周期**。

● 第二,相机抉择政策会由于**政策的前后不一致性**使通货膨胀高于合意的水平。出现这种情况是因为,决策者会暂时宣布低通货膨胀目标,但一旦人们形成他们的通货膨胀预期,决策者又利用短期通货膨胀和失业的权衡取舍来提高通货膨胀以减少失业。结果,人们预期的通货膨胀高于决策者所宣布的目标,这就使菲利普斯曲线向上移动到更不利的位置。

中央银行承诺一种政策规则可以避免这些问题。国会可以要求美联储按每年一个固定的百分比(比如3%)来增加货币供给,这足以适应真实产量的增长。此外,国会也可以要求更为积极的规则,如果失业率高于自然失业率某个百分比,美联储可以增加某一特定数量的货币供给。

(2)**反方:货币政策不应该按规则制定**。相机抉择的货币政策是有必要的,因为货币政策应该灵活得足以对总需求的大量减少或不利的供给冲击这类未预期到的事件作出反应。此外,政治性经济周期在实践中可能并不存在,而且,如果中央银行的宣告是可信的,前后不一致的问题就可以避免。最后,如果货币政策由规则指导,国会应该遵循哪种类型的规则并不是清楚的。

规则和相机抉择之间的一种权衡取舍是通货膨胀目标制。通货膨胀目标一般是一个区间,比如说1%到3%,在危机时还有一定浮动。但是,宣布一个通货膨胀目标的货币政策会比相机抉择政策更透明且更负责。

4. 中央银行应该把零通货膨胀作为目标吗?

(1)**正方:中央银行应该把零通货膨胀作为目标**。通货膨胀给社会带来以下成本:

- 与减少货币持有量相关的皮鞋成本;
- 与频繁地调整价格相关的菜单成本;
- 相对价格变动的加剧;
- 由于税法非指数化引起的意想不到的税收负担变动;
- 由于计价单位变动引起的混乱和不方便;
- 与用美元表示的债务相关的任意的财富再分配。

与通货膨胀降为零相关的成本是暂时的,而通货膨胀为零的好处是持久的。如果决策者宣布的零通货膨胀政策是可信的,成本还可以进一步降低。如果国会把物价稳定作为美联储的主要目标,这项政策会更可信。最后,零通货膨胀是通货膨胀唯一不可变更的目标,所有其他目标水平都可以逐渐地向上修正。

(2)**反方:中央银行不应该把零通货膨胀作为目标**。中央银行不应该把零通货膨胀作为目标的理由有许多:

- 零通货膨胀的好处很小,且具有不确定性。而实现这个目标的成本过高。回想一下,根据牺牲率估算,为使通货膨胀下降1%,一年的产量要减少5%。
- 与通货膨胀下降相关的失业和社会成本要由非熟练和无经验的工人承担,这些人承受这些成本的能力最低。
- 人们通常不喜欢通货膨胀,因为他们错误地认为通货膨胀降低了他们的生活水平,而没有意识到收入往往随通货膨胀同时增加。
- 通过税制指数化和发行通货膨胀指数化债券可以不降低通货膨胀而消除通货膨胀的成本。
- 无成本地降低通货膨胀是不可能的。
- 反通货膨胀对经济造成持久的伤害,因为资本存量减少,而且,失业工人的技能下降。
- 轻微的通货膨胀可能是一件好事,因为当名义工资具有向下的黏性时,轻微的通货膨胀使实际工资减少,也使决策者有能力生成负的真实利率以刺激总需求。

5. 政府应该平衡其预算吗?

(1) **正方:政府应该平衡其预算**。政府债务是加在未来一代纳税人身上的负担,他们必须选择收取高税收、减少政府支出,或两者都有。现在的纳税人把现在支出的账单转给未来的纳税人。而且,赤字的宏观经济影响是通过使公共储蓄为负而减少国民储蓄。这提高了利率,减少了资本投资,降低了生产率和真实工资,从而减少了未来的产量和收入。结果,赤字增加了未来税收,减少了未来收入。在战争和衰退时期有赤字是合理的,但美国在和平和繁荣的 1980—1995 年间的赤字也增加了。美国最近的赤字可能是由于 2001 年和 2008—2009 年的衰退以及伊拉克和阿富汗战争。

(2) **反方:政府不应该平衡其预算**。政府债务问题被夸大了。每人 4.1 万美元的债务与预期的一生收入 200 万美元相比并不大。此外,由于政府的一些支出用于教育,通过减少教育支出来减少预算赤字不会提高下一代的福利。例如社会保障支出等其他政府政策能够在各代人之间进行收入再分配。如果人们希望改变由预算赤字引起的各代人的收入再分配,他们只需要在一生中储蓄更多(因为对储蓄的征税较低)并给孩子留下遗产,以使他们可以支付未来的高税收就可以了。最后,政府债务可以永远地增长下去,但只要债务的增长慢于国民名义收入的增长,它在 GDP 中的百分比就不会提高。在美国,这个百分比是 5% 左右,约等于 6 550 亿美元可持续的赤字。目前,高达上万亿美元的赤字是不可持续的,但这是由金融危机、经济衰退等不寻常事件以及应对这些事件的政策反应引发的。

6. 应该为了鼓励储蓄而修改税法吗?

(1) **正方:应该为了鼓励储蓄而修改税法**。一国的生活水平取决于其生产能力,反过来生产能力又取决于一国储蓄及投资多少。由于人们会对激励作出反应,政府可以通过以下方式鼓励储蓄(或停止阻碍储蓄):

- 减少对储蓄收益(利息收入)的税收。
- 取消对股票资本收入的双重征税。现在,公司支付公司所得税,然后以红利形式得到利润的股东要支付个人所得税。
- 减少遗产税,以便人们为下一代储蓄和创造遗产。
- 减少福利和医疗补助这类需对申请补助者进行经济情况调查的政府补助。现在政府已经减少了那些非常勤俭的能够有余钱去储蓄的人的这些补助,这就抑制了储蓄。
- 提高个人退休金账户(IRA)这类有税收优惠的储蓄账户的可获得性。在这些账户上储蓄的收入在退休时提取前不用纳税。
- 用消费税代替所得税。储蓄起来的收入不需要纳税,以使所有储蓄相当于存在 IRA 中。

(2) **反方:不应该为了鼓励储蓄而修改税法**。税收的一个目标是公平地分摊税收负担。以上所有建议都是通过减少对储蓄的税收来提高储蓄激励。由于高收入者的储蓄高于低收入者,这就会增加穷人的税收负担,并使富人受益。此外,降低储蓄的税收并不会鼓励人们更多地储蓄。这是因为储蓄的高收益既有替代效应又有收入效应。储蓄收益的增加将使人们用储蓄替代现期消费而增加储蓄;但是,收入效应表明,储蓄收益的增加将减少为达到任何一个未来消费水平所需要的储蓄量。

赤字的减少增加了公共储蓄,从而增加了国民储蓄。这可以通过提高对富人的税收来实现。实际上,降低储蓄的税收会被赤字增加和国民储蓄减少所抵消。

36.1.2　有益的提示

(1) 使经济不稳定的政策使经济背离自然产出水平。稳定政策是有助于经济向自然产出水平变动的货币政策和财政政策的运用。但是,如果政策的时滞长且不可预测,经济就可能在稳定政策发生作用之前调整回自然率(来自总需求或总供给的冲击)。在这种情况下,稳定政策就会使经济背离长期自然率,我们把这种政策看做不稳定政策。

(2) 政治性经济周期往往涉及大选之前的货币扩张和大选后的货币紧缩。教科书中是就决策者大选前的行为来讨论政治性经济周期的。这就是说,在大选之前,货币扩张可能增加产量并减少失业,这提高了现任总统再次当选的可能性。但是,由于它会在大选之后引起通货膨胀,这种类型的权力滥用通常会引起大选之后为减轻通货膨胀压力的货币紧缩。因此,经济会在大选前良好的经济状况和大选后不良的经济状况之间波动。

(3) 如果真实产量增长,零货币增长并不会引起零通货膨胀。回想一下,数量方程式 $M \times V = P \times Y$,表明货币供给乘以货币流通速度等于物价水平乘以真实产量。如果货币流通速度是固定的,并且真实产量每年增长 3% 左右,那么为了使物价保持不变,货币供给应增加 3% 左右。因此,要求美联储增加 3% 的货币供给的货币政策规则会引起零通货膨胀。如果产量增长 3%,零货币增长实际上会引起通货紧缩。

36.1.3　术语与定义

为每个关键术语选择一个定义。

关键术语	定义
_____ "逆风向行事"	1. 由于决策者本人与竞选的政治家结盟而引起的经济波动。
_____ 不稳定政策	2. 使产量背离长期自然产出水平的政策。
_____ 相机抉择政策	3. 采用稳定总需求的政策。
_____ 政治性经济周期	4. 政策宣告和政策行为的不一致。
_____ 政策的前后不一致性	5. 决策者没有遵循某种规则时选择的政策。

36.2　应用题与简答题

36.2.1　应用题

1. 假设一股悲观情绪席卷了消费者和企业,引起他们减少支出。

   a. 用总需求与总供给模型在图 36-1 中说明这个事件,并假设经济最初处于长期均衡。

   b. 对货币政策和财政政策来说,合适的积极政策反应是什么? 积极的政策应该使总需求曲线向哪个方向移动?

   c. 假设经济可以在两年内自行调整摆脱问题 a 中所描述的衰退。假设决策者选择用财政政策来稳定经济,但对税收和支出的政治争论持续了两年多的时间。用总需求与总供给模型在图36-2中说明这些事件。

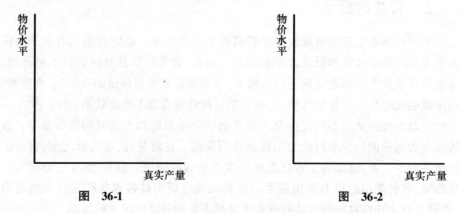

图 36-1   图 36-2

    d. 描述你在问题 c 中所作的图形上表示的一系列事件。

    e. 积极财政政策稳定了经济还是使经济不稳定?为什么?

2. 假设美联储多次宣布它想稳定物价,而且目标是零通货膨胀。但是,经济一直保持了3%的通货膨胀。

    a. 美联储的这种行为在长期内会使失业率降到自然失业率之下吗?为什么?

    b. 一旦人们形成了 3% 的通货膨胀预期,而美联储实际上把零通货膨胀作为目标,短期中会出现什么情况?

    c. 如果国会通过了要求美联储把零通货膨胀作为目标的法律,这会有所帮助吗?解释之。

36.2.2　简答题

1. 为什么我们预测宏观经济冲击的能力的提高改善了我们对积极稳定政策的运用?

2. 如果政府需要快速应对一个不可预期的衰退,为什么它应该选择减税而不是增加支出?

3. 为什么政府增加支出比等量的减税会对经济产生更大的影响?

4. 请说出支持货币政策规则的三个原因。

5. 为什么通货膨胀的成本是持久的,但减少通货膨胀的成本是暂时的?

6. 为了降低持久通货膨胀的成本,政府能做些什么?

7. 政府预算赤字以哪两种方式损害了子孙后代的利益?

8. 平衡的政府预算能保证消除各代之间的所有财富再分配吗?解释之。

9. 对于税后储蓄收益增加引起储蓄的增加,哪一种效应一定大于另一种——替代效应还是收人效应?为什么?

10. 为什么为鼓励储蓄而修改税法会增加穷人的税收负担?

36.3 自我测试题

36.3.1 判断正误题

_____ 1. 货币政策影响经济有一定时滞,但财政政策没有时滞。

_____ 2. 传统的凯恩斯分析表明,政府购买增加比等量的减税对总需求的影响更大。

_____ 3. 边际税率的下降会增加总需求并减少总供给。

_____ 4. 相机抉择的货币政策受政策前后不一致性的困扰,因为决策者有采取与其宣告的政策不同的政策的激励。

_____ 5. 政治性经济周期指公司高层也担任政治职位的情况。

_____ 6. 货币政策规则的反对者认为,规则使美联储难以对突如其来的危机作出反应。

_____ 7. 货币政策以零通货膨胀为目标的支持者认为,降低通货膨胀的成本是暂时的,而降低通货膨胀的好处是持久的。

_____ 8. 货币政策以零通货膨胀为目标的反对者认为,可以通过通货膨胀指数化的税收和债券消除许多通货膨胀的成本。

_____ 9. 政府预算赤字会引起财富从当代人再分配给子孙后代。

_____ 10. 美国只有在战争与衰退时期才产生政府预算赤字。

_____ 11. 用消费税替代所得税会增加储蓄,但它带给富人的好处大于带给穷人的好处。

_____ 12. 如果税后利息增加的替代效应大于收入效应,那么利息收入的税收减少将增加储蓄。

36.3.2 单项选择题

1. 假设经济正遭受消费者和企业悲观情绪的困扰。以下哪一项是"逆风向行事"的积极稳定政策?
   a. 决策者应该减少货币供给
   b. 决策者应该增加税收
   c. 决策者应该减少政府支出
   d. 决策者应该降低利率
   e. 以上各项都不是

2. 认为决策者不应该试图稳定经济的经济学家提出除以下哪一项以外的所有论点?
   a. 由于稳定政策影响经济有一定时滞,因此动机良好的政策可能引起不稳定
   b. 由于预测对经济的冲击是困难的,因此动机良好的政策可能会引起不稳定
   c. 稳定政策在短期或长期中对经济都没有影响
   d. 决策者的第一条规则应该是"不伤害"

3. 决策者为影响大选结果而控制经济所引起的经济波动称为_____。
   a. 政治性经济周期
   b. 政策的前后不一致性
   c. 相机抉择效应
   d. 通货膨胀目标效应
   e. 收入效应

4. 政策宣告和政策行为的不一致称为_____。

a. 政治性经济周期

b. 政策的前后不一致性

c. 相机抉择效应

d. 替代效应

e. 收入效应

5. 认为货币政策应该按规则制定的经济学家提出除以下哪一项以外的所有论点？

a. 政策规则限制了决策者的能力不足

b. 政策规则限制了决策者滥用权力

c. 政策规则比相机抉择更为灵活

d. 政策规则消除了前后不一致问题

6. 以下哪一项是进一步使经济不稳定的相机抉择政策的例子？

a. 投资者变得悲观，美联储的反应是降低利率

b. 消费者变得悲观，财政政策决策者的反应是减税

c. 投资者变得过分乐观，美联储的反应是减少货币供给

d. 消费者变得悲观，财政政策决策者的反应是减少政府支出

7. 支持零通货膨胀目标货币政策的经济学家提出除以下哪一项以外的所有论点？

a. 即使通货膨胀水平低也会给经济带来皮鞋成本和菜单成本这类持久的成本

b. 通货膨胀减少了人们的收入，而零通货膨胀消除了这个问题

c. 把通货膨胀减少到零的成本是暂时的，而好处是持久的

d. 如果零通货膨胀政策是可信的，那么把通货膨胀降为零的成本就几乎可以消除

8. 下面哪一项不是支持用减税来应对经济衰退的论点？

a. 减税比政府支出对总需求有更直接的影响

b. 减税通过允许家庭将钱花在他们喜欢的物品上，从而分散了支出决策

c. 减税使总供给曲线向右移动，减轻了通货膨胀的压力

d. 减税为那些失业的人寻找工作和已就业的人工作更长的时间提供了充分的激励

9. 以下哪一项关于政府预算赤字的说法不正确？

a. 预算赤字把现在支出的负担加在未来纳税人身上

b. 预算赤字减少了国民储蓄

c. 预算赤字应该得到遏制，因为它只是在各代纳税人之间转移财富的一种方法

d. 预算赤字降低了资本投资和未来的生产率，从而减少了未来的收入

10. 以下哪一项是通货膨胀的成本？

a. 与减少货币持有量相关的皮鞋成本

b. 与频繁调整价格相关的菜单成本

c. 计价单位变动引起的混乱与不方便

d. 以上各项都是

11. 认为政府不需要平衡其预算的经济学家提出除以下哪一项以外的所有论点？

a. 与一个人一生的收入相比，人均国民债务实际上非常少

b. 如果当代人更多地储蓄并给下一代人留遗产，那么预算赤字的影响可以在某种程度上抵消

c. 只要预算赤字的增长没有国民名义收入增长快，它就不会成为一种日益增加的负担

d. 预算赤字提高了未来的增长率，因为它把财富从这一代转移给子孙后代

12. 以下哪一项税法变动会鼓励人们更多地储蓄,但也增加了低收入者的税收负担?
    a. 降低对储蓄收益的征税
    b. 取消对股票资本收入的双重征税
    c. 降低遗产税
    d. 用消费税代替所得税
    e. 以上各项都对

13. 如果以下哪种情况发生,提高储蓄税后收益的减税将增加经济中的储蓄量?
    a. 储蓄税后收益增加的替代效应大于收入效应
    b. 储蓄税后收益增加的收入效应大于替代效应

    c. 储蓄税后收益增加的收入效应等于替代效应
    d. 政策是前后不一致的

14. 鼓励储蓄的税收改革会_____。
    a. 使税收负担从低收入者转向高收入者
    b. 使税收负担从高收入者转向低收入者
    c. 降低产量增长率
    d. 减少赤字

15. 如果相机抉择的货币政策前后不一致,那么_____。
    a. 长期菲利普斯曲线向右移动
    b. 长期菲利普斯曲线向左移动
    c. 短期菲利普斯曲线向上移动
    d. 短期菲利普斯曲线向下移动

36.4 进阶思考题

反对政府预算赤字的人认为,预算赤字通过允许当代人享受政府支出的好处而子孙后代被迫为之付费而在各代间再分配财富。

1. 在以下哪一种情形下,你认为各代间存在更大的财富转移? 为什么?
    a. 政府通过为穷人购买苹果和橘子而增加对社会保障计划的支出,但拒绝增税从而增加了预算赤字。
    b. 政府增加用于桥梁、道路和建筑物的支出,但拒绝增税从而增加了预算赤字。
2. 前面的例子为我们提供了可以用来判断什么时候政府预算赤字对每一代人都是公平的,以及什么时候并不公平的方法吗? 解释之。
3. 为什么在实践中推行这种方法是非常困难的?

习 题 答 案

36.1.3 术语与定义

___3___ "逆风向行事"　　　　　___1___ 政治性经济周期
___2___ 不稳定政策　　　　　　___4___ 政策的前后不一致性
___5___ 相机抉择政策

36.2.1 应用题

1. a. 参看图 36-3。

b. 增加货币供给,增加政府支出,减税。使总需求曲线向右移动。

c. 参看图36-4。

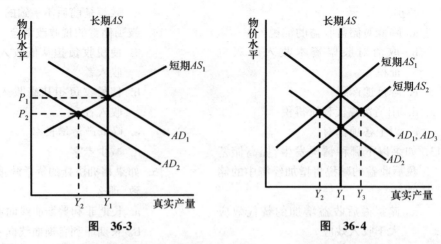

图 36-3   图 36-4

d. 如图36-4所示,随着短期总供给曲线向下移动,经济调整到短期 AS_2 与 AD_2 相交之处。然后,扩张性总需求政策使总需求移动到 AD_3 ,而且,经济变动到短期 AS_2 与 AD_3 相交之处。

e. 不稳定,因为经济已调整回到长期自然产出水平,所以,总需求增加引起产量上升到高于自然产出水平。

2. a. 不会。在长期中,人们将把通货膨胀预期提高到3%,而且,工资和物价将同比例上升。

b. 经济会沿短期菲利普斯曲线向下变动,通货膨胀率下降,而失业率将上升到高于自然失业率。

c. 是的。美联储宣布零通货膨胀目标将更为可信,而且,通货膨胀率变动到零将使失业率上升得更少。

36.2.2 简答题

1. 因为积极稳定政策的实施存在时滞,所以我们需要预测未来数月或数年的宏观经济冲击。

2. 因为为了让政府合理地支出或许需要几年的时间制订计划,而减税分散了支出决策,允许个人自主决定购买什么。

3. 因为一些减税额会被储存起来,而每一美元的政府购买都会直接增加总需求。

4. 货币政策规则限制了能力不足、权力滥用和政策的前后不一致性。

5. 通货膨胀会给经济带来皮鞋成本和菜单成本这类持久的成本。把通货膨胀率降到零只是暂时增加了失业,但它将消除持久的通货膨胀成本。

6. 税制指数化,以及发行通货膨胀指数化债券。

7. 它增加了未来的税收,并减少了未来的收入,因为它减少了资本存量。

8. 不能。通过增加工薪税来支持社会保障支出的增加是把收入从工作的人那里转移给退休人员,但预算赤字不受影响。

9. 替代效应一定大于收入效应。随着人们用储蓄替代现期消费,税后利息增加引起人们储蓄更多。但是,税后利息增加的收入效应会使人们减少为达到目标储蓄所需要的储蓄量。

10. 高收入者的储蓄比例大于低收入者,因此,鼓励储蓄的减税对富人更有利。此外,为了保证税收收入,消费税不得不提高,这增加了穷人的负担。

36.3.1 判断正误题

1. 错误;由于政治程序,财政政策有漫长的决策时滞。

2. 正确。

3. 错误;边际税率的下降会同时增加总需求和总供给。

4. 正确。

5. 错误;当决策者为提高现任总统再次当选的机会而控制经济时,就产生了政治性经济周期。

6. 正确。

7. 正确。

8. 正确。

9. 错误;政府预算赤字将财富从子孙后代再分配给当代人。

10. 错误;1980—1995 年,美国在和平与繁荣时期也有预算赤字。

11. 正确。

12. 正确。

36.3.2 单项选择题

1. d   2. c   3. a   4. b   5. c   6. d   7. b   8. a   9. c   10. d
11. d   12. e   13. a   14. b   15. c

36.4 进阶思考题

1. 情形 a,因为政府购买了后代不能享用的消费品,而在情形 b 下,政府购买了耐久且后代可以享用的资本品。

2. 如果政府支出用于购买资本品,那么政府有预算赤字并迫使后代为现期支出付费是更为合理的。

3. 因为几乎每个利益集团都会辩称它们的支出(例如军事支出、教育支出等)对后代有正面的影响。